BASISWISSEN FIT IM JOB

TEAMKONFLIKTE BEWÄLTIGEN

CHRISTINA OSBORNE

DORLING KINDERSLEY

DORLING KINDERSLEY
London • New York • München • Melbourne • Delhi

Lektorat Jacky Jackson
Bildredaktion Sarah Cowley
DTP-Design Rajen Shah
Herstellung Michelle Thomas

Cheflektorat Adèle Hayward
Chefbildlektorat Karen Self

Für Dorling Kindersley produziert von
Cooling Brown, Hampton, Middlesex
Gestaltung (verantwortlich) Arthur Brown
Lektorat Caroline Marklew
Gestaltung Laura Watson
Redaktion Lorraine Turner

Bibliografische Information Der Deutschen Bibliothek
Die Deutsche Bibliothek verzeichnet diese Publikation in der Deutschen Nationalbibliografie; detaillierte bibliografische Daten sind im Internet über http://dnb.ddb.de abrufbar.

Titel der englischen Originalausgabe:
Dealing With Difficult People

Übersetzung Kirsten Nutto

ISBN 3-8310-0449-8

Printed in Hong Kong by Wing King Tong

Hinweis
Die Informationen und Ratschläge in diesem Buch sind von den Autoren und vom Verlag sorgfältig erwogen und geprüft, dennoch kann eine Garantie nicht übernommen werden.
Eine Haftung der Autoren bzw. des Verlags und seiner Beauftragten für Personen-, Sach- und Vermögensschäden ist ausgeschlossen.

Besuchen Sie uns im Internet
www.dk.com

INHALT

OPTIONEN EINSCHÄTZEN

Kooperation anstreben

Konflikt-management

EINLEITUNG

Die Fähigkeit, schwierigen Menschen aus unproduktiven Situationen herauszuhelfen und dazu beizutragen, dass sie ihre Leistung steigern und ihre Arbeitsbeziehungen verbessern, ist eine wichtige Führungsqualität. Hier finden Sie bewährte Techniken und Strategien, die Ihnen dabei helfen, problematische Menschen auf Anhieb zu erkennen, einer Eskalation von Konflikten vorzubeugen und schwierigen Mitarbeitern dabei zu helfen, sich und ihre Arbeit voll in das Team einzubringen. Lernen Sie, erfolgreich mit schwierigen Menschen umzugehen, indem Sie sich die nötigen Beobachtungs- und Kommunikationsfähigkeiten aneignen, Konfrontationen vermeiden, die Zusammenarbeit verbessern und Konflikte lösen. Ein Test hilft Ihnen, Ihre diesbezüglichen Fähigkeiten zu beurteilen und Verbesserungen zu planen, Kurztipps vermitteln praktische Ratschläge für alle vom Projektleiter bis zum Top-Manager, die Verantwortung für einen oder mehrere Mitarbeiter tragen.

Konflikte verstehen

Schwierige Menschen halten uns davon ab, unsere Ziele zu erreichen. Wer begreift, warum ein Mensch schwierig wird, kann jedoch potenziellen Konflikten vorbeugen.

Schwierige Menschen erkennen

Schwierige Menschen rauben Ihnen Zeit und Energie. Je früher Sie erkennen, wer wann schwierig werden kann, desto besser können Sie dagegen ansteuern. Dazu muss man allerdings wissen, warum Menschen schwierig werden.

1 Menschen mit unterschiedlichen Fähigkeiten halten sich oft gegenseitig für schwierig.

2 Sehen Sie Ihr Glas als halb voll? Kollegen können das anders sehen!

Verstehen, warum Menschen schwierig sind

Jeder Mensch reagiert auf Druck anders, und ebenso stellt jeder andere Erwartungen an das Leben. Manchmal fällt einem der Umgang mit jemandem nur schwer, weil er völlig andere Grundsätze hat als man selbst. Wer sich und andere besser verstehen lernt, wird einen Menschen nicht mehr danach beurteilen, dass er anders ist und ihn ändern wollen, sondern das schätzen lernen, was der andere gibt.

ERKENNEN, WER SCHWIERIG WERDEN KANN

Es gibt zwei Möglichkeiten abzuschätzen, wer am Arbeitsplatz am ehesten Schwierigkeiten machen wird: indem man beobachtet, wie sich ein Mitarbeiter am Arbeitsplatz verhält oder anhand dessen, was man über diese Person weiß. Wissen Ihre Mitarbeiter, was von ihnen erwartet wird? Sind sie in der Lage, Beruf und Privatleben zu vereinbaren? Wer seine Mitarbeiter gut kennt, kann verhindern, dass sie schwierig werden, wenn sie unter Druck geraten, indem er ihnen rechtzeitig Unterstützung und Perspektiven anbietet.

3 Darauf achten, ob jemand sich bei der Arbeit langweilt.

4 Wer seine Mitarbeiter gut kennt, weiß, wie er ihnen am besten helfen kann.

5 Hilfsbereitschaft fördern und bei Mitarbeitern anerkennen.

PROBLEMEN VORBEUGEN

Wer erkennt, wann und wodurch Stresssituationen am Arbeitsplatz entstehen, kann Stress auslösenden Situationen vorbeugen und sich vorab überlegen, wie er mit eventuell schwierigen Personen umgehen will. Wenn sich Arbeitnehmer z.B. Sorgen über berufliche Veränderungen oder Entlassungsgerüchte machen, kann es passieren, dass sie aus Unsicherheit und Angst genau das Falsche tun. Überprüfen Sie in solchen Fällen Ihren Führungsstil, Ihre Ziele und wie Sie die Arbeit organisieren, und schaffen Sie eine Kultur gegenseitiger Hilfsbereitschaft – so verhindern Sie, dass Mitarbeiter ohne eigene Schuld schwierig werden.

▼ **ERKENNEN, WARUM MITARBEITER SCHWIERIG WERDEN**

Eine schlechte Führung kann Mitarbeiter demotivieren und reizbar machen. Arbeitnehmer, die zu viele Überstunden machen müssen oder sich gering geschätzt fühlen, werden schneller unzufrieden, was dazu führen kann, dass sie quer schießen.

JEDER MENSCH IST ANDERS

Ein Mitarbeiter mit einer anderen Sichtweise bereichert im Prinzip jedes Team, jedoch können unterschiedliche Sichtweisen auch Konflikte heraufbeschwören. Wichtig ist also, beim Umgang mit schwierigen Mitarbeitern Unterschiede zu beachten.

6 Übertragen Sie Teammitgliedern ihren Fähigkeiten entsprechende Aufgaben.

7 Leute mit unterschiedlichen Fähigkeiten harmonieren besser.

8 Sie müssen die Stärken und Schwächen des Teams kennen.

UNTERSCHIEDE ERKLÄREN

Jeder Mensch lernt anders. Handlungsorientierte Menschen lernen am besten, wenn sie einbezogen und gefordert werden, während Bedächtigere erst abwägen, vorsichtiger vorgehen und gut zuhören können. Theoretiker entwickeln gerne Ideen und Theorien, Praktiker hingegen lernen durch empirisches Vorgehen, machen Vorschläge, wie sich etwas schneller erledigen ließe und schätzen Feedback zu ihren neuesten Initiativen. Keiner dieser Menschen hat die Absicht, schwierig zu sein – jeder betrachtet die Dinge lediglich aus einem anderen Blickwinkel.

VERSCHIEDENE PERSPEKTIVEN SCHÄTZEN

Lernen Sie es zu schätzen, wenn Mitarbeiter eines Teams auf unterschiedliche Weise lernen. Handlungsorientierte Mitarbeiter lieben es, kurzfristig auftretende Krisen und vielfältige Aufgaben zu bewältigen, bedächtige hingegen ziehen es vor, auf Daten basierende Entscheidungen zu treffen und mit der Gruppe Vorgehensweisen noch einmal kritisch zu prüfen. Der Theoretiker stellt Richtlinien für Vorgehensweisen auf, während der Praktiker Ideen schnell umsetzen will.

Initiator setzt und hält das Projekt in Gang.

Theoretiker tut sich in der Planungsphase hervor.

LERNTYPEN UND IHRE BERUFSRELEVANTEN FÄHIGKEITEN

LERNTYPEN		FÄHIGKEITEN
	**HANDLUNGSORIENTIERT** Dieser Typ liebt es, immer mit einbezogen zu werden und ist stets präsent; er lernt durch Erfahrung.	• Mehrfach belastbar • Aufgaben mit kurzfristig erreichbaren Ergebnissen übernehmen • Projekte anregen
	**BEDÄCHTIG** Dieser Typ prüft Erfahrungen kritisch und lernt durch Beobachten und Analysieren von sowie Nachdenken über Ereignisse.	• Recherche, Vorbereitung, Lesen • Berichte abfassen • Chancen gegeneinander abwägen
	**THEORETIKER** Dieser Typ sammelt und prüft Ideen, Konzepte und Theorien und lernt, indem er diese in einen Handlungsrahmen integriert.	• Ziele festsetzen, Systeme weiterentwickeln • Andere unterrichten • Die beste Vorgehensweise ermitteln
	**PRAKTIKER** Dieser Typ liebt es, Theorien in der Praxis zu testen und lernt am besten durch eine empirische Vorgehensweise.	• Aktionspläne erstellen • Abkürzungswege vorschlagen • Problemlösungen präsentieren

▼ **TEAMFÄHIGKEITEN**

Erfolgreiche Teams setzen sich aus Mitarbeitern mit unterschiedlichen Fähigkeiten, die ein Projekt erfordert, zusammen. Ein Teamleiter muss klare Ziele setzen, damit jeder seine Talente einbringen kann.

Expertin hilft bei Planung und fachlichen Fragen.

Netzwerker sucht nach günstigen Gelegenheiten und beschafft Informationen.

SICH ERWACHSEN ZEIGEN

Man geht davon aus, dass Menschen eine Situation meist aus einer von drei Perspektiven betrachten: aus der Perspektive eines Elternteils (der davon ausgeht, dass die Schuld beim andern liegt), des Erwachsenen (der die Situation logisch bewertet) oder des Kindes (das sich schuldig fühlt, weil es ein Problem gibt). Die meisten Menschen wechseln ständig zwischen diesen Perspektiven hin und her. Probleme entstehen, wenn jemand aus einer Perspektive heraus argumentiert, ein anderer jedoch aus einer anderen.

9 Versuchen Sie, negative Reaktionen zu ändern.

WEN MOTIVIERT WAS?

Manager sollten wissen, was schwierige Teammitglieder motiviert und welche Rolle sie selbst bei deren Motivierung oder Demotivierung spielen, dann können sie diesen Mitarbeitern entgegenkommen und so auch ihre eigenen Ziele besser verwirklichen.

10 Strategien erkennen, die das Team motivieren, und diese häufiger einsetzen.

11 Motivieren Sie schwierige Menschen durch Anerkennung ihrer Bedürfnisse.

INDIVIDUELLE MOTIVATION ERKENNEN

Teammitglieder arbeiten am effizientesten, wenn sie motiviert sind, und werden schwierig, wenn dies nicht der Fall ist. Achten Sie darauf, wodurch sich die einzelnen Mitglieder Ihres Teams motivieren lassen, denn nicht jeder lässt sich durch die gleichen Anreize motivieren. Um die Effizienz Ihres Teams zu steigern, müssen Sie herausfinden, welches Verhalten Ihrerseits die einzelnen Mitglieder motiviert und welches demotiviert.

BEDÜRFNISSE SEHEN

Wichtig ist, dass Sie Ihr Verhalten auf die Bedürfnisse der einzelnen Teammitglieder abstimmen.

Teammitglied wird durch Übertragung von mehr Verantwortung motiviert.

POSITIVE MOTIVATION

Teammitglied fliegt ungern und wird durch Reiseangebot demotiviert.

NEGATIVE MOTIVATION

DAS TEAM MOTIVIEREN

Machen Sie klare Vorgaben über Teamziele, und stimmen Sie Etappenziele mit den Teammitgliedern ab. Die meisten Menschen brauchen das Gefühl, etwas geleistet zu haben und mögen es nicht, Ziele zu verfehlen, also versuchen Sie, den individuellen Bedarf an Schulung herauszufinden, mit dessen Hilfe die nötigen Standards erreicht werden können. Viele Menschen übernehmen gerne mehr Verantwortung, wenn sie dadurch mehr Kontrolle über ihre Arbeit und ihre Arbeitsweise bekommen. Diese Bereitschaft sollten Sie honorieren.

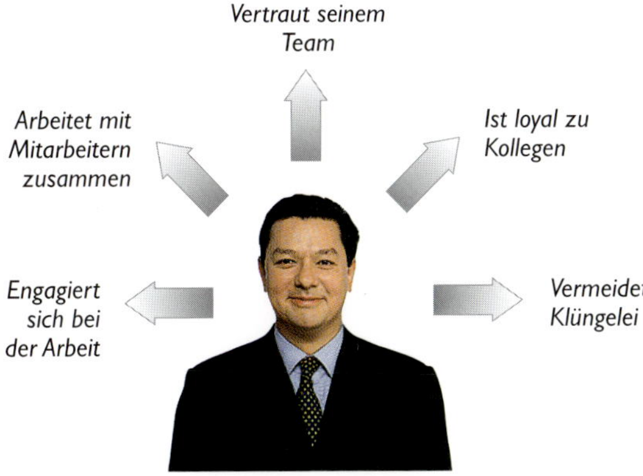

MOTIVIERENDER MANAGER

DAS IST ZU TUN

1. Jeden begrüßen, mit dem man täglich arbeitet.
2. Herumgehen, Fragen stellen, zuhören.
3. Loben Sie, damit Leute gute Leistungen wiederholen.
4. Team in Entscheidungen einbeziehen, die es direkt betreffen
5. Konsequent sein
6. Informationen und Erfahrungen mit anderen teilen
7. Andere coachen, damit sie ihre Leistung steigern und dazulernen können

◀ EIGENSCHAFTEN BEURTEILEN

Über diese wichtigen Eigenschaften sollte ein Manager verfügen, um Mitarbeiter effektiv zu motivieren. Fehlt eine dieser Eigenschaften, sinkt die Motivation.

12 Anderen das Gefühl geben, Teil eines erfolgreichen Teams zu sein.

13 Gute Neuigkeiten und Teamleistungen feiern.

DEMOTIVATION VERMEIDEN

Niemand will ineffizient arbeiten, keine Kontrolle über Termine haben und ständig unter Druck stehen. Ein Manager muss das Arbeitspensum seines Teams kennen und wissen, welche Unterstützung jeder einzelne braucht, um seine Arbeit effizient zu erledigen. Wenn Ziele nicht klar definiert sind und niemand genau weiß, was von ihm erwartet wird, können Mitarbeiter schwierig scheinen, weil sie nichts oder das Falsche tun. Manager müssen genau sagen, was sie wollen, und Mitarbeiter an den Entscheidungen über deren Arbeit beteiligen.

ZUSAMMENHÄNGE ERKENNEN

Eine effektive Kommunikation ist Arbeitsbeziehungen und einer guten Zusammenarbeit förderlich. Durch Erkennen der Barrieren, die einer guten Kommunikation im Weg stehen, kann ein Manager das Potenzial seines Teams maximieren und Mitarbeiter motivieren.

14 Das »Wie« ist bei der Kommunikation so wichtig wie das »Was«.

INFORMATIONEN WEITERGEBEN

1. **Informationen auf Richtigkeit überprüfen**
2. **Entscheiden, wer diese Informationen erhalten soll**
3. **Den besten Kommunikationsweg wählen**
4. **Entscheiden, wer die Informationen mitteilt**
5. **Prüfen, ob die Informationen verstanden wurden**
6. **Überprüfen, ob entsprechende Schritte unternommen wurden**

KOMMUNIKATION VITALISIEREN

Manager sollten dafür sorgen, dass Teammitglieder positiv miteinander kommunizieren und sich gegenseitig unterstützen, so dass sie als Team effizienter werden. Sie fördern Kommunikation, indem Sie Hilfe anbieten, Interesse an den Mitarbeitern zeigen und jeden Beitrag zur Teamarbeit würdigen. Seien Sie ehrlich, nehmen Sie sich Zeit, zu erklären, warum bestimmte Dinge getan werden müssen, und geben Sie Informationen weiter. So können Mitarbeiter besser verstehen, was genau Sie erwarten. Ein positives Arbeitsklima ermuntert zu offenen Diskussionen, setzt Energien frei, verhindert Missverständnisse, spart Zeit und fördert gegenseitige Unterstützung und gute Arbeitsbeziehungen.

15 Gehen Informationen durch zu viele Hände, können sie verzerrt ankommen.

KOMMUNIKATION FÖRDERN UND BLOCKIEREN

FÖRDERLICH

- Zweck der Kommunikation klar benennen
- Überlegen, wie die Botschaft aufgenommen wird
- Offene Diskussionen fördern
- Andere anregen, sich gegenseitig zuzuhören
- Nachfragen, um anderen Standpunkt zu verstehen
- Interesse an dem zeigen, was andere zu sagen haben
- Den Beitrag anderer anerkennen
- Zusammenfassen, um Verständnis zu erleichtern
- Kanäle offen halten, um Beziehungsaufbau zu erleichtern
- Angenehme, ermutigende Arbeitsumgebung schaffen

BLOCKIEREND

- Zweck der Kommunikation nicht klar benennen
- Schlechte Präsentation der Botschaft
- Falsche Methode wählen (beispielsweise schriftliche Nachricht bei persönlichem Gesprächsbedarf)
- Informationen absichtlich zurückhalten
- Überlagerung von Botschaften durch Emotionen zulassen
- Bewusst irreführende Informationen weitergeben
- Nicht für offene Kommunikationswege sorgen
- Unangenehme Arbeitsumgebung dulden (Lärm, zu wenig Licht usw.)

EFFEKTIV KOMMUNIZIEREN

Es gilt zu überprüfen, welche Kommunikationswege inner- und außerhalb eines Teams bestehen. Informationen sollten direkt und nicht über eine lange Kette nach unten weitergegeben werden, und alle Teammitglieder müssen die Informationen erhalten, die sie brauchen. Wird ein Teammitglied von wichtigen Informationen ausgeschlossen, kann es quer schießen und die Fortschritte des Teams behindern. Echte Querulanten können das Team sogar sabotieren, indem sie falsche Informationen weitergeben oder die Arbeit verzögern. Lässt ein Teamleiter zu, dass sich im Team Aversionen zwischen Mitgliedern entwickeln, kann eine Spirale negativen Verhaltens zur Demoralisierung eines Teams führen: einige werden manipulieren, andere sich zurückziehen, keiner hört dem anderen mehr zu und das Team wird unmotiviert und nutzlos.

WICHTIGE FRAGEN

F Werden Informationen auf dem besten Weg weitergegeben?

F Haben alle Teammitglieder klar definierte Ziele?

F Begrüße ich Ideen, nehme ich mir die Zeit zuzuhören?

F Beziehe ich andere in die Entscheidungsfindung mit ein?

16 Kommunikation sollte immer positiv und konstruktiv sein.

SCHWIERIGE MENSCHEN BEOBACHTEN

Wer Anzeichen dafür erkennt, dass ein Mitarbeiter schwierig zu werden droht, und mögliche Gründe dafür nachvollziehen kann, kann auch Konflikten vorbeugen und gegenseitiges Verständnis und Kooperation fördern.

17 Lernen Sie die Zeichen erkennen, dass jemand schwierig zu werden droht.

18 Zeigen Sie anderen, dass Sie ihre Beiträge schätzen.

VERHALTEN BEOBACHTEN

Wenn jemand plötzlich schwieriger, reizbarer oder aufbrausender ist als sonst, kann dies auf emotionalen Stress hindeuten. Scheint ein Mitarbeiter deprimiert, oft den Tränen nahe oder einfach unglücklich zu sein, können Sie ihn behutsam darauf ansprechen, wie sein Verhalten auf Sie wirkt und fragen, ob es Probleme gibt. Handelt es sich um ein persönliches Problem, können Sie auf die Möglichkeit externer Hilfe verweisen. Menschen werden unkooperativ, wenn sie so gestresst sind, dass ihnen ihre Gefühle und die anderer egal werden. Auch körperliche Symptome können Anzeichen von Stress sein. Manche Menschen reagieren eher gereizt als zuzugeben, dass sie sich nicht wohl oder gestresst fühlen.

ZEICHEN VON STRESS ERKENNEN ▼

Achten Sie sorgfältig auf Anzeichen von Stress bei Ihren Mitarbeitern. Häufige Zeichen dafür sind Reizbarkeit, Vernachlässigung des Äußeren, Konzentrationsmangel und Erschöpfung.

19 Klare Rollen beugen Kompetenzstreitigkeiten im Team vor.

MITARBEITER BEOBACHTEN

TEAMLEITERIN
Als Teamleiter sollten Sie prüfen, ob Mitglieder Ihres Teams mehr Energie darauf verwenden, ihren erarbeiteten Verantwortungsbereich zu verteidigen, als ihre Arbeit zu erledigen. Schaffen Sie ein Vertrauensverhältnis innerhalb des Teams, indem Sie klare Ziele setzen.

VORGESETZTE
Hält sich ein Chef ständig in der Nähe auf, ist das ein Zeichen dafür, dass er nicht auf dem Laufenden gehalten wird. Geben Sie mehr Feedback über Fortschritte.

KOLLEGE
Wenn jemand angespannt oder besorgt wirkt, fragen Sie unter vier Augen, ob etwas nicht stimmt. Geben Sie ihm in Besprechungen Rückendeckung, und ermutigen Sie ihn, sich zu äußern.

ANDERE TEAMS
Bevor Konkurrenz zwischen Teams entsteht, sorgen Sie dafür, dass beide Gruppen gemeinsam die Fortschritte in den Bereichen prüfen, in denen sich beider Zuständigkeit überschneidet.

KUNDEN BEOBACHTEN

Wenn Sie sich nicht ständig um Ihre Kunden bemühen, können sogar langjährige Kunden schließlich zu einem Konkurrenten wechseln. Finden Sie heraus, wie stark Ihre Kunden einbezogen werden wollen und wie viel Feedback sie wünschen. Die meisten Kunden beschweren sich nicht gerne, aber wenn sie nicht bekommen, was sie erwarten, werden sie sich andere Geschäftspartner suchen. Wer bleibt, wird eventuell immer fordernder, weil er ständig enttäuscht wird. Sorgen Sie dafür, dass jedes Teammitglied den Servicestandard achtet.

20 Ermutigen Sie Teammitglieder, sich auf Kundenbedürfnisse einzustellen.

Teammitglied hört aufmerksam zu und notiert sich Beschwerden.

Kunde bringt eine Beschwerde vor.

FEEDBACK ERBITTEN ▶
Fordern Sie Ihre Mitarbeiter auf, in Gesprächen mit Kunden herauszufinden, wie diese den Kundenservice beurteilen. Finden Sie den Grund für Beschwerden heraus, und ergreifen Sie Maßnahmen.

VERSCHIEDENE TYPEN SCHWIERIGER MENSCHEN

TYP		UMGANG MIT DIESEM TYP
	**DER UNSICHERE** Ihm mangelt es an Enthusiasmus, er seufzt, zuckt die Schultern, gibt aber nie zu, dass etwas nicht stimmt.	• Solche Menschen ermutigen, sich über ihre Erfolge und Fortschritte auf dem Weg zum Ziel zu freuen. • Loben, wenn dies angebracht ist, und darauf achten, dass positives Feedback negatives überwiegt.
	**DER AUFHALSER** Halst anderen die Arbeit auf, gibt vor allem die unangenehmen Arbeiten weiter	• Setzen Sie klare Ziele, Projekt-Meilensteine und Termine. • Einen Aktionsplan ausarbeiten und darauf achten, dass die wichtigsten Aufgaben mit seinen Initialen abgezeichnet worden sind.
	**DER VORDRÄNGLER** Heimst skrupellos die Lorbeeren anderer ein, um Karriere zu machen	• Projektverantwortliche persönlich über Fortschritte berichten lassen • Zuständigkeiten klar definieren und die Arbeit aller am Projekt Beteiligten würdigen
	**DER MIESEPETER** Beschwert sich ständig über jede Kleinigkeit und ist nie zufrieden zu stellen	• Unter vier Augen nachfragen, wo genau die Probleme liegen • Dazu auffordern, sich klare Arbeitsprioritäten und Termine zu setzen
	**DER UNFAIRE** Heimst das Lob ein, wenn alles gut läuft, schiebt aber die Fehler auf andere	• Zuständigkeiten klar definieren • Anspruchsvolle Ziele setzen • Regelmäßige Besprechungen abhalten, um Fortschritte anhand messbarer Ziele zu prüfen und Feedback zu geben
	**DER ANGEBER** Will immer das erste und letzte Wort haben und anderen immer einen Schritt voraus sein	• Schriftlich festhalten, was vereinbart wurde • Für Besprechungen Agenda erstellen, mögliche Einwände vorwegnehmen, Fragen stellen und anspruchsvolle Ziele setzen
	**DER AGGRESSIVE** Schikaniert und schüchtert andere ein, setzt sich durch Aggressivität durch	• Standhaft bleiben und nicht nachgeben • Argumente ruhig vortragen und Fragen stellen, um ihn dazu zu bringen, über die Konsequenzen seines Tuns nachzudenken

MIT PROFESSIONELLEN BERATERN ARBEITEN

Ein professioneller Berater kann sehr hilfreich sein, da er in der Lage ist, Sie und Ihr Team objektiv zu beurteilen. Beachten Sie, wie sensibel er auf defensives Verhalten bei Ihnen oder Ihren Teammitgliedern reagiert, wenn er die ersten Fragen stellt. Eventuell stellt er auch Ihnen einige Fragen, um zu testen, wie realistisch Ihre Erwartungen sind. Das wiederum gibt Ihnen die Möglichkeit, sich über Ihre Ziele klar zu werden und sich zu fragen, wie der Berater Ihnen helfen kann. Achten Sie darauf, wie genau ein Berater beobachtet.

21 Sagen Sie dem Berater, welchen Einfluss seine Arbeit auf Ihre Firma haben kann.

22 Ein kompetenter Ratgeber stellt auch Ihnen Fragen.

23 Lieferanten gegenüber offen über eigene Zukunftspläne sprechen.

LIEFERANTEN BEOBACHTEN

Ihre Lieferanten werden unkooperativ? Könnte das dann daran liegen, dass Sie unabsichtlich etwas getan oder nicht getan haben, was von Ihnen erwartet wurde? Meist ist Geld die Ursache für Unstimmigkeiten, darum ist es sehr wichtig, schon zu Beginn der Zusammenarbeit den Service und die Zahlungsbedingungen festzulegen. Informieren Sie Ihre Lieferanten, wenn ihr Service nicht mehr Ihren Erwartungen entspricht, um ihnen die Möglichkeit der Nachbesserung zu geben. Pflegt man eine gute Beziehung zu seinen Lieferanten, ist die Wahrscheinlichkeit groß, dass sie einem treu bleiben, wenn Schwierigkeiten auftreten.

SICH SELBST BEOBACHTEN

Als Mitglied eines Teams muss man ständig die Balance halten zwischen dem Wunsch, sich als Einzelner hervorzutun und der Notwendigkeit, als Teammitglied seinen Beitrag zur Teamarbeit zu leisten. Überprüfen Sie, ob sich bei Ihnen die persönliche Weiterentwicklung und die Teamarbeit die Waage halten. Erledigen Sie die Aufgaben, die Sie übernommen haben, und teilen Sie Ihr Wissen mit den anderen Teammitgliedern, so dass Sie gemeinsam noch effektiver sind.

WICHTIGE FRAGEN

- **F** Was halten andere Teammitglieder von mir als Kollegen?
- **F** Wie oft bitte ich mein Team um Feedback?
- **F** Welche Kenntnisse und Stärken sollte ich ausbauen, in welchen Bereichen sollte ich mich weiterbilden?

OPTIONEN EINSCHÄTZEN

Um mit schwierigen Menschen umgehen zu können, muss man in der Lage sein, objektiv zu analysieren und zu beurteilen. Wägen Sie zunächst alle Möglichkeiten ab.

PROBLEMLÖSUNGEN SUCHEN

Man muss ein Problem erst verstehen, bevor man nach einer Lösung suchen kann. Wenn man Lösungsstrategien zu planen weiß, kann man einer schwierigen Person stets einen Schritt voraus sein.

24 Nur wer über die nötigen Informationen verfügt, kann ein Problem analysieren.

WICHTIGE FRAGEN

F Warum ist diese Person schwierig?

F Ist diese Situation schon einmal eingetreten, und wenn ja, warum?

F Was kann ich tun, um dieses Problem zu lösen und zu verhindern, dass es wieder auftritt?

DIE URSACHE DES PROBLEMS DEFINIEREN

Bevor man eine Lösung finden kann, mit der man verhindert, dass ein Mitarbeiter schwierig wird, muss man erst die Ursache seines Problems herausfinden. Analysieren Sie die Situation, und suchen Sie nach kleinen Anzeichen für schwieriges Verhalten. Befragen Sie Mitarbeiter, die mit ihm schon bei ähnlichen Projekten zusammengearbeitet haben – so können Sie besser beurteilen, wie der Betreffende reagieren wird.

LÖSUNGEN SUCHEN

Meist gibt es mehrere Lösungen für ein Problem, aus denen man die beste auswählen muss. Gehen Sie unvoreingenommen an das Problem heran, und betrachten Sie es aus so vielen Blickwinkeln wie möglich, auch aus dem einer schwierigen Person. Um Probleme zu lösen, muss man manchmal auch das Risiko eingehen, etwas falsch zu beurteilen – entscheiden Sie und warten Sie ab, was passiert. Notieren Sie jede Lösung auf einem Post-it-Zettel oder entwerfen Sie mit Diagrammen und Farben ein Schaubild. Lassen Sie Ihre Fantasie spielen, um auf neue und ausgefallenere Ideen zu kommen.

NICHT VERGESSEN

- Ein Problem muss genau definiert sein, bevor man nach Lösungen suchen kann.
- Informationen, die man während der Analyse eines Problems gesammelt hat, können später von großem Wert sein, wenn man Lösungen gegeneinander abwägt.
- Die besten Ideen kommen einem oft, wenn man andere in den kreativen Prozess mit einbezieht.
- Man sollte alle möglichen Lösungen auflisten, bevor man sie abwägt.

LÖSUNGEN TESTEN

Die wichtigsten Ziele definieren, zu denen eine Lösung führen muss.

↓

Lösung danach beurteilen, wie gut sie zum Erreichen dieser Ziele beiträgt

↓

Wenn die Lösung als gut bewertet wird: ihre Risiken definieren

↓

Ideen entwickeln, um Risiken zu minimieren oder zu vermeiden

↓

Abschätzen, ob Risiken geringer sind als bei den Alternativlösungen

AUSWAHL EINER LÖSUNG

Die Auswahl einer Lösung kann man sich dadurch erleichtern, dass man sie an bestimmten Kriterien misst: Welche Ziele sollen durch die Lösung des Problems erreicht werden, und welche sind die wichtigsten? Ordnen Sie die Ziele nach ihrer Wichtigkeit. Bewerten Sie jede Lösung mit einer Punktzahl (z.B. auf einer Skala von 1 bis 10), je nachdem, wie gut sie sich zum Erreichen der jeweiligen Ziele eignet. Die Lösung, die beim wichtigsten Ziel die höchste Punktzahl bekommen hat, ist die beste. Nach Ausarbeitung einer gründlichen Lösungsstrategie für die Hauptziele hat man genug Selbstvertrauen, um es auch mit der schwierigsten Person aufzunehmen.

◀ **DIE RICHTIGE LÖSUNG FINDEN**
Bewerten Sie die Tauglichkeit einer Lösung zum Erreichen bestimmter Ziele anhand einer Skala von 1 bis 10. Die Lösung mit der höchsten Punktzahl dürfte die beste sein.

KONFRONTATION MEIDEN

Wenn der Zeitpunkt schlecht gewählt ist oder eine Konfrontation zu großen Schaden anrichten würde, kann es sinnvoll sein, sie zu meiden. Wer weiß, wie sich eine Konfrontation vermeiden lässt, kann in jeder Situation angemessen reagieren.

25 Quertreiben kann zur Gewohnheit werden, wenn man nicht rechtzeitig einschreitet.

26 Achten Sie auf Ihre eigenen emotionalen Reaktionen.

27 Nehmen Sie sich die Zeit, eine Situation objektiv zu beurteilen.

EINFACH WEGGEHEN

Wird man von jemandem angeschrien, hat es wenig Sinn, weiterzureden. Wenn der andere zu wütend ist, um zuzuhören, ist es manchmal klüger, einfach wegzugehen. So kann die Wut des anderen erst einmal verrauchen und man selbst kann darüber nachdenken, wie sich das Problem am besten objektiv angehen lässt. Haben Sie jedoch das Gefühl, Sie wollen dem Problem eher aus dem Weg gehen, dann sollten Sie sich sofort damit befassen oder so früh wie möglich einen Gesprächstermin mit dem anderen vereinbaren.

SCHWIERIGE MITARBEITER AUSKLAMMERN

Wenn alle anderen Teammitglieder kooperativ sind und gut zusammen arbeiten, ist die Versuchung groß, die Arbeit des unkooperativen Mitarbeiters jemand anderem zu übertragen. Das kann jedoch genau das Falsche sein, denn dadurch belohnt man im Endeffekt das Verhalten des Betreffenden noch. Muss etwas schnell erledigt werden, mag es ratsam sein, jemand anderen damit zu beauftragen, doch wenn das häufiger passiert, wird es als selbstverständlich betrachtet. Der Betreffende wird dann jedoch nicht mehr als dem Team zugehörig betrachtet, da er auch keine Verantwortung mehr übernimmt, und das kann sich negativ auf das restliche Team auswirken.

KULTURELLE UNTERSCHIEDE

Europäer und Amerikaner können oft schlecht beurteilen, ob jemand aus einem zurückhaltenderen Kulturkreis gekränkt oder nicht bereit ist zu kooperieren. In Japan z.B. ist es wichtig zu prüfen, ob jemand etwas wirklich gut heißt oder lediglich höflich ist, da Japaner eine andere Körpersprache haben, die schwerer zu entschlüsseln ist.

IGNORIEREN

Wenn sich jemand daneben benimmt und man ignoriert das einfach, kann das durchaus das Richtige sein – vorausgesetzt, der Betreffende will im Team bleiben. Eine Verweigerung des Blickkontakts kann andeuten, dass man missbilligt, was der andere tut. Manchmal kann das schon signalisieren, dass ein Verhalten inakzeptabel ist und sich ändern muss. Ändert der Betreffende sein Verhalten jedoch nicht, dann führt Ignorieren dazu, dass er unkontrollierbar wird, und dies distanziert ihn vom restlichen Team. In manchen Fällen bewirkt ein Wegsehen lediglich, dass der andere noch mehr quer schießt, um die Aufmerksamkeit auf sich zu ziehen. Ignorieren mag einige Male funktionieren, ist aber auf lange Sicht nicht zu empfehlen.

NICHT VERGESSEN

- In einer Besprechung sollte jede Form von Konfrontation möglichst vermieden werden.
- Um schwierige Personen nicht zu provozieren, sollte man eine offene Körperhaltung beibehalten.
- Um feindselige Blicke nicht erwidern zu müssen, kann man in seine Notizen schauen.
- Indem man seine Aufmerksamkeit einem anderen zuwendet, kann man Angriffe abblocken.

28 Ignorieren ist keine lang-, sondern nur eine kurzfristige Lösung.

▼ VERMEIDUNGSSTRATEGIEN

In manchen Situationen ist es das Beste, mit kooperativen Teammitgliedern zusammenzuarbeiten und einen schwierigen Kollegen einfach zu ignorieren. Entweder der Betreffende integriert sich dann, oder er zieht sich völlig zurück, was eine spätere Konfrontation unvermeidbar macht.

SELBSTBEWUSST SEIN

Um ruhig zu bleiben, auch wenn eine schwierige Person wütend und aggressiv wird, muss man selbstbewusst sein. Ermutigen Sie einen schwierigen Mitarbeiter, sein Verhalten einmal genauer zu betrachten – vielleicht mangelt es ihm lediglich an Selbstbewusstsein.

29 Überlegen Sie, ob eine schwierige Person aggressiv, passiv oder selbstbewusst ist.

30 Die Rechte anderer respektieren und wenn nötig kompromissbereit sein.

31 Wer will, dass andere ihm zuhören, muss selbst zuhören.

AGGRESSIVES ODER PASSIVES VERHALTEN

Aggressive Menschen pochen auf Fakten und legen sich gerne mit anderen an. Eine schwierige Person kann auf Kritik aggressiv und trotzig reagieren, was sich dann negativ auf das Team auswirkt. Passive Menschen hingegen ignorieren Fakten und legen sich selten mit jemandem an. Sie tun nichts, um eine Situation zu verbessern und weichen Konfrontationen aus, tun meist nichts Unüberlegtes und bringen selten jemanden gegen sich auf – aber sie unterlassen es, zu handeln. Solche Versäumnisse sind oft schwieriger zu erkennen als ein gravierender Fehler, können aber ähnliche Auswirkungen haben.

SELBSTBEWUSSTSEIN FÖRDERN

Angesichts aggressiven oder passiven Verhaltens sollten Sie selbstbewusst auftreten, aber auch die schwierige Person ermutigen, selbstbewusster zu sein. Selbstbewusst sein heißt, hart in der Sache, aber flexibel im Umgang mit Menschen zu sein. Man muss anderen klar sagen, was man will, braucht oder denkt. Das bedeutet, sich und anderen gegenüber ehrlich zu sein und anderen, auch einer schwierigen Person, das Recht zuzugestehen, eine eigene Meinung zu haben und angehört zu werden. Wer hier mit gutem Beispiel vorangeht, kann auch schwierige Leute anspornen.

NICHT VERGESSEN

- Ihr Team lernt am besten, was selbstbewusstes Auftreten heißt, wenn Sie es bei der Arbeit vormachen.
- Ermutigen Sie alle zu mehr Selbstvertrauen und ehrlichem Feedback, so dass Teammitglieder selbstbewusstes Auftreten auch untereinander beobachten können.
- Ebenso wie Sie das Recht haben, angehört zu werden, sollten Sie auch anderen dieses Recht zugestehen.

SELBSTBEWUSSTE AUSSAGEWEISEN

ART DER AUSSAGE	BEISPIELE
SACHLICH Fakten, Feedback und Informationen werden direkt und offen gegeben, Wünsche, Bedürfnisse, Ansichten, Meinungen oder Gefühle deutlich geäußert.	• »Ich finde, das System funktioniert gut.« • »Ich hätte gerne, dass Sie um neun Uhr hier sind.« • »Ich bin sehr zufrieden mit der Art und Weise, wie das Problem gelöst wurde.« • »Mir gefallen die Diagramme in Ihrem Bericht.«
EINFÜHLSAM Wer sich einfühlsam zeigt, kann einer aggressiven Person den Wind aus den Segeln nehmen und dann die eigenen Wünsche und Bedürfnisse äußern.	• »Ich weiß, dass das neue Verfahren zusätzliche Arbeit bringt, bis Sie sich eingearbeitet haben. Trotzdem möchte ich, dass Sie weitermachen. Einen Versuch ist es schließlich wert, nicht wahr?« • »Ich weiß, Sie haben viel zu tun, aber ich muss Sie etwas fragen.«
ABWEICHEND Damit kann man zum Ausdruck bringen, dass das, was passiert oder getan wird, von dem abweicht, was vereinbart wurde.	• »Vereinbart war, dass Projekt X oberste Priorität hat, aber wie es scheint, arbeiten Sie mehr an Projekt Y. Könnten wir bitte klären, welches Projekt Vorrang hat?« • »Wir haben vereinbart, Besprechungen wöchentlich abzuhalten, doch finden sie offenbar nur alle vierzehn Tage oder einmal im Monat statt. Wir müssen uns auf regelmäßige Besprechungen einigen, wie vereinbart.«
DEUTLICH Damit bringt man seine negativen Gefühle zum Ausdruck, um andere wissen zu lassen, welchen schlechten Eindruck ihr Verhalten auf einen macht, ohne überempfindlich zu reagieren.	• »Wenn Sie zu spät aus der Mittagspause kommen und hier alle Telefone klingeln, ärgert es mich, dass Sie nicht da sind, um mir zu helfen. Ich möchte, dass Sie pünktlich wieder da sind, um Anrufe entgegenzunehmen.« • »Es kränkt mich, wenn Sie mit Fragen zuerst zu meinen Mitarbeitern gehen. Ich fände es besser, wenn Sie zuerst mich fragen würden.«
KONSEQUENT So kann man eine Warnung zum Ausdruck bringen, wenn jemand falsch gehandelt hat: indem man ihm mitteilt, mit welchen Konsequenzen er zu rechnen hat, wenn er sein Verhalten nicht ändert.	• »Ich werde erst zustimmen, dass jemand aus meinem Team an Ihrem Projekt mitarbeitet, wenn Sie dafür sorgen, dass er die gleiche Schulung erhält wie Ihre Mitarbeiter.« • »Die Bestellung dieses Kunden ist viel Geld wert. Wenn wir die Anfrage nicht schnell genug bearbeiten und den Auftrag verlieren, wird sich das negativ auf die Abteilung auswirken.«
AUFGESCHLOSSEN Durch aufgeschlossene Fragen oder Aussagen kann man herausfinden, welche Ansichten jemand vertritt und was er braucht, will oder fühlt, und ob es Missverständnisse gegeben hat.	• »Welche Probleme könnte dies aufwerfen?« • »Was würden Sie lieber tun?« • »Ich hätte dazu gerne Ihre Meinung gehört.« • »Welche Herangehensweise halten Sie für die beste?« • »Was sind in Ihren Augen die Vor- und Nachteile?«

SCHWIERIGE MENSCHEN ZUR REDE STELLEN

Wenn die Vermeidungsstrategie nicht funktioniert, muss man schwierige Mitarbeiter direkt zur Rede stellen. So lässt sich möglicherweise etwas ändern, doch sollte man bereits im Vorfeld überlegen, wie man das Problem angehen und dem Betreffenden helfen kann.

32 Schwierigen Menschen die Konsequenzen ihres Verhaltens deutlich machen.

33 Bei einer Konfrontation zu langen Blickkontakt vermeiden.

SCHWIERIGE MENSCHEN ZUR REDE STELLEN

In einer solchen Situation ist es wichtig, ruhig zu bleiben, gut zuzuhören und bestimmt aufzutreten. Zeigen Sie Verständnis für Ihr Gegenüber. Vielleicht ist es ja gar nicht wütend auf Sie, sondern auf sich selbst. Überlegen Sie genau, was Sie sagen. Überlassen Sie weitgehend dem anderen – etwa im Verhältnis 80:20 – das Reden. Schildern Sie die Situation, wie sie sich Ihnen darstellt, und fragen Sie, ob der Betreffende das Problem erkennen kann. Ist das nicht der Fall, werden Sie kaum Fortschritte erzielen können, bis er dazu bereit ist. Danach können Sie sich auf Maßnahmen einigen.

KÖRPERSPRACHE EINSETZEN ▼

Bei einer Konfrontation ist die Körpersprache sehr wichtig. Eine offene Haltung wirkt entspannt und entgegenkommend, eine abwehrende zurückweisend.

POSITIVE KÖRPERSPRACHE

NEGATIVE KÖRPERSPRACHE

GELASSEN BLEIBEN

Eine Konfrontation kann dazu führen, dass eine schwierige Person ausfallend oder sogar handgreiflich wird. Auch bei Ihnen kann sie eine aggressive oder untypische Reaktion provozieren. Überlegen Sie, wie Sie bei zunehmendem Druck reagieren und was Sie dagegen unternehmen können. Rufen Sie sich ins Gedächtnis, dass Ihre Firma auch Disziplinarstrafen vorsieht und Sie als Vertreter der Firma fungieren. Bleiben Sie unparteiisch, hören Sie zu. Manchmal reicht es schon, nur zuzuhören, damit sich der andere beruhigt und wieder klar denken kann. Wenn Sie das Problem noch nicht ganz verstanden haben, haken Sie ruhig und sachlich nach. Achten Sie auf Ihren Tonfall.

ANDERE AUF DEN WEG BRINGEN

Bei einer Konfrontation mit einem schwierigen Mitarbeiter sagen Sie ihm Dinge, die er nicht gerne hört. Wenn er sich gegen Veränderungen sträubt, wird er Ausreden vorbringen und Hindernisse nennen, die eine Veränderung unmöglich machen. Hören Sie zu, und erstellen Sie einen Plan, wie diese Probleme in Zukunft gelöst werden können. Bleiben Sie fest, bis Sie sich auf einen Aktionsplan einigen können. Stellen Sie dann gezielt Fragen, wie er umgesetzt werden kann.

WAS TUN BEI EINER KONFRONTATION?

Schildern der Situation, wie sie sich Ihnen darstellt

↓

Genau zuhören, wenn der andere seine Sichtweise erläutert

↓

Versuchen, sich darauf zu einigen, dass ein Problem besteht

↓

Mittels Fragen einen Weg suchen, wie sich das Problem lösen lässt

↓

Gemeinsam einen Aktionsplan erstellen

↓

Den anderen dazu ermutigen, den Aktionsplan umzusetzen

NACH VORNE SCHAUEN ▶

Mit seinen Fragen brachte Johann Susanne dazu, nicht mehr zurück, sondern nach vorne zu blicken. Nachdem man sich auf einen Aktionsplan für aktuelle Probleme geeinigt hatte, ging sie wieder motivierter und selbstbewusster an die Arbeit.

FALLBEISPIEL

Johann, ein Ingenieur, hatte beobachtet, dass seine Sekretärin Susanne in letzter Zeit immer schwerer zu motivieren war. Bei ihrer nächsten Besprechung fragte er sie, ob es ein Problem gebe. Susanne nannte die verschobene IT-Schulung, die Aufrüstung ihres Computers und versäumte wöchentliche Besprechungen – alles Probleme, die schon vor Monaten behoben worden waren. Johann war gekränkt, dass Susanne offenbar keine Verbesserung der Situation erkennen konnte. Er beschloss jedoch, sachlich zu bleiben und ganz offen Fragen zu stellen, um Susannes Perspektive besser verstehen zu können. Er fragte, wie sich ihr die momentane Situation darstellte und was sie ändern wollte. Sie einigten sich auf einen Aktionsplan, um Probleme mit der Auftragsabwicklung zu lösen, und Susanne übernahm die Verantwortung für dessen Umsetzung. Eine Woche später kam sie bereits besser zurecht.

VERÄNDERUNGSPROZESSE UNTERSTÜTZEN

Jemanden dazu zu bringen zu akzeptieren, dass Veränderungen auch Chancen bringen können, ist der erste Schritt, um Widerstand dagegen abzubauen. Wichtig ist, sich darauf einzustellen und vorauszuplanen. So lässt sich die Situation besser in den Griff bekommen.

34 Nehmen Sie sich die Zeit, Veränderungen im Voraus zu planen.

35 Faktoren auflisten, die Veränderungen vorantreiben.

36 Faktoren auflisten, die Veränderungen hemmen.

GRÜNDE FÜR WIDERSTAND HERAUSFINDEN

Widerstand gegen Veränderungen regt sich, wenn sich Betroffene Sorgen um ihre Zukunft machen. Wenn Sie eine Veränderung planen, fragen Sie: »Was bringt ihm/ihr das?«, damit Sie dem Betreffenden die Vorteile aufzeigen und so seinen Widerstand abbauen können. Machen Sie eine »Kraftfeld-Analyse«, in der Sie Pro und Contra einer Veränderung einander gegenüberstellen. Überlegen Sie, welche Befürchtungen der Betreffende haben könnte. Ist er Veränderungen gegenüber wenig aufgeschlossen, betonen Sie, was gleich bleiben wird, während sich in anderen Bereichen etwas verändert. Vielleicht missversteht er lediglich Sinn und Zweck einer geplanten Veränderung.

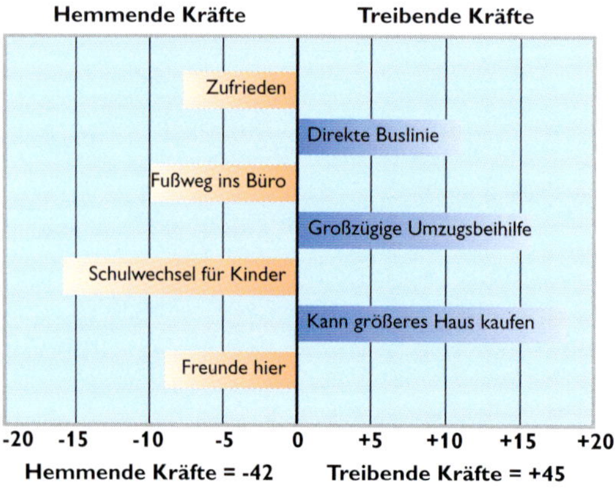

◀ **EINE »KRAFTFELD-ANALYSE« MACHEN**

Bewerten Sie anhand einer Skala treibende Kräfte mit positivem Vorzeichen, hemmende Kräfte mit negativem von 0 bis 20 Punkten. Anschließend beide Summen ausrechnen, um beurteilen zu können, wie groß die Bereitschaft einer Person zur Veränderung sein mag. In diesem Beispiel geht es um die Versetzung eines Teammitglieds.

BEFÜRWORTER VON VERÄNDERUNGEN GEWINNEN

Wer einflussreiche Befürworter von Veränderungen auf seiner Seite hat, kann Gegner leichter überzeugen.

- Eine Liste jener Leute erstellen, die von einer Veränderung betroffen sind.
- Überlegen, welche Betroffenen wie viel Einfluss auf andere haben.
- Überlegen, welche Betroffenen die Veränderung befürworten und welche nicht.
- Überlegen, welche möglichen Einwände Gegner vorbringen, aber auch, welche Vorteile sich für sie ergeben könnten. Betonen Sie letztere.
- Einflussreiche Befürworter schon früh mit einbeziehen, damit sie ihren Einfluss auf andere geltend machen. Sie rechtzeitig über die Vorteile der Veränderung ins Bild setzen und über Fortschritte informieren, damit sie dieses Wissen weitergeben können.

WIDERSTÄNDE ABBAUEN

Wer Veränderungen plant, muss anderen seine Zukunftsvision klar vor Augen führen. Wenn Menschen sich vorstellen können, wie eine Veränderung konkret aussehen wird, werden sie auch dazu motiviert sein, sie mitzugestalten. Zeigen Sie die Fortschritte auf, die beweisen, dass eine Veränderung Resultate zeitigt. Überlegen Sie, welche Betroffenen eine Veränderung befürworten, um mit Hilfe dieser »Verstärkung« die Skeptiker und Kritiker zu überzeugen. Menschen durchlaufen bei Veränderungen ein festes Reaktionsmuster – lassen Sie ihnen dafür Zeit.

WICHTIGE FRAGEN

F Wer ist von dieser Situation direkt betroffen?

F Wer kann andere beeinflussen?

F Wer reagiert vermutlich ungehalten oder unzufrieden?

F Habe ich schwierige Mitarbeiter durch Einbeziehen auf eine Veränderung vorbereitet?

REAKTION AUF VERÄNDERUNGEN

Mit einer Veränderung konfrontiert, durchlaufen die meisten Menschen eine Reihe emotionaler Reaktionen. Auf Schock und Ablehnung folgen in der Regel die Verklärung des Vergangenen und Wut, die wiederum in eine Depression, schließlich aber zu Akzeptanz führt. Die Dauer dieses Prozesses ist abhängig von der jeweiligen Situation.

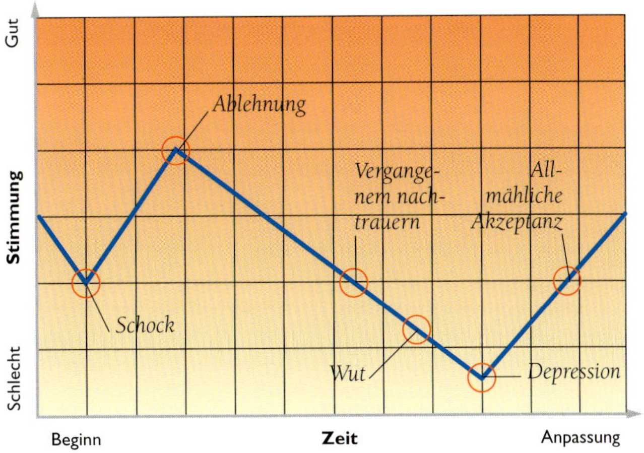

GRENZEN ERKENNEN

Wenn man einen schwierigen Menschen nicht ändern kann, muss man eventuell die eigene Einstellung ändern. Manchmal ist es für die Firma besser, wenn man sich mit der Art des anderen abfindet, statt weiter zu versuchen, ihn zu ändern.

37 Die Gesamtleistung einer schwierigen Person sehen, um nicht vorschnell zu handeln.

38 Darauf achten, ob sich die Leistung noch steigert.

39 Die Änderung des eigenen Verhaltens kann schneller wirken.

DEN SCHWIERIGEN MITARBEITER AKZEPTIEREN

Wenn die Arbeit des Mitarbeiters für die Firma von Wert ist, müssen Sie vielleicht Ihre Einstellung zu ihm ändern. Prüfen Sie, ob diese Person mehr Stärken oder mehr Schwächen hat: Die Stärken können Sie nutzen, die Schwächen durch Schulung oder Coaching abbauen. Fragen Sie sich, ob Sie objektiv die Gesamtleistung dieser Person betrachtet und alle ihre Leistungen und Beiträge berücksichtigt haben. Liegt das Problem vielleicht darin, dass der Betreffende einfach auf eine Ihnen fremde Art an Dinge herangeht? Bedenken Sie, dass es für Problemlösungen sehr hilfreich sein kann, jemanden im Team zu haben, der die Dinge aus einer anderen Perspektive sieht.

FALLSTUDIE

Roberts Kollegin Tanja war unkooperativ und versuchte stets, andere auszustechen. In Management-Besprechungen machte Tanja häufig Vorschläge, was sich in Roberts Abteilung verbessern ließe. Sie trat recht aggressiv auf, und Robert wusste nicht, wie er darauf reagieren sollte, auch wenn ihm später immer eine passende Antwort einfiel. Als er vorschlug, sich regelmäßig zu treffen, um über Probleme zwischen ihren Abteilungen zu reden, lehnte Tanja mit der Begründung ab, sie habe zu viel zu tun. Robert beschloss, seine Haltung Tanja gegenüber zu ändern. Vor Besprechungen stellte sich Robert vor, wie Tanja bestimmte Bereiche seiner Abteilung kritisierte, an deren Verbesserung er bereits arbeitete. Er stellte sich weiter vor, wie er konstruktiv auf ihre Vorwürfe und sie wiederum positiv darauf reagierte. Das führte dazu, dass sich Probleme tatsächlich schneller lösen ließen.

◀ **EIGENE EINSTELLUNG ÄNDERN**

Robert empfand Besprechungen als eine Art Wettbewerb, bei dem er in jeder Runde verlor. Dies beeinträchtigte sein Selbstvertrauen und seine Glaubwürdigkeit bei den Kollegen. Robert gelang es, mit einer anderen Haltung an die Besprechungen und seine Kollegin heranzugehen. So war er besser vorbereitet und produktiver.

DIE EIGENE EINSTELLUNG ÄNDERN

Wer sich in eine schwierige Person hineinversetzt, kann seine Einstellung zu ihr ändern. Stellen Sie zwei Stühle einander zugewandt auf – einen für sich und einen für die schwierige Person. Stellen Sie dann ca. fünf Meter entfernt in einem Winkel von 90 Grad zu den anderen einen weiteren Stuhl auf. Setzen Sie sich der imaginären Person gegenüber und erläutern Sie Ihren Standpunkt. Setzen Sie sich dann in den Stuhl der imaginären Person und sagen Sie, was diese Ihrer Meinung nach sagen würde. Stellen Sie sich schließlich auf den dritten Stuhl, und beobachten Sie die beiden imaginären Gesprächspartner, die sich gegenüber sitzen.

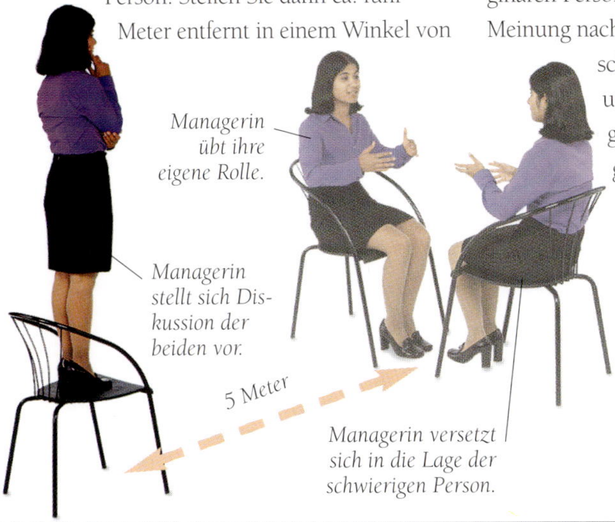

◀ **ANDERE PERSPEKTIVEN NACHVOLLZIEHEN**
Oft führt es zu einer Änderung der eigenen Haltung, wenn man sich von einer Situation distanziert und sie aus der Perspektive eines anderen betrachtet. Z.B. könnten Sie so merken, dass Sie zu massiv auftreten, und Ihr Verhalten ändern.

MISSSTÄNDE NICHT AKZEPTIEREN

Wenn sich das Verhalten eines Mitarbeiters demoralisierend auf das Team auswirkt, müssen Sie einschreiten. Prüfen Sie die Fakten sorgfältig: War es das erste Mal, dass der Mitarbeiter gewisse Grenzen überschritten hat, die Sie mit dem Team vereinbart haben, dann weisen Sie ihn darauf hin. Hatten Sie noch keine klaren Grenzen gesetzt, dann machen Sie diese nun dem Betreffenden unmissverständlich klar, und sagen Sie ihm, wie er sich künftig zu verhalten hat. Ändert er sein Verhalten in der von Ihnen festgelegten Zeitspanne nicht, dann müssen Sie zu disziplinarischen Maßnahmen greifen und ihm klar machen, dass er nötigenfalls sogar die Firma verlassen muss.

40 Leistungen zu verbessern, ist billiger als eine Entlassung.

41 Setzen Sie realistische Termine für Verbesserungen.

KOOPERATION ANSTREBEN

Vorrangiges Ziel eines Managers sollte sein, schwierige Mitarbeiter zur Kooperation zu bewegen. Planen Sie Ihr Vorgehen und wählen Sie die richtige Kommunikationsform.

UM KOOPERATION BEMÜHEN

Wer gut vorbereitet in eine schwierige Besprechung geht, fühlt sich sicherer. Bemühen Sie sich bei einem schwierigen Mitarbeiter zuerst um Kooperation, statt auf Konfrontationskurs zu gehen. Suchen Sie dazu eine Lösung, die für alle von Vorteil ist.

42 Manchmal muss man nur positiv an etwas herangehen.

43 Erst Vorbehalte anhören, dann Vorteile nennen.

SICH AUF KOOPERATION VORBEREITEN

Ein positiver Ansatz reicht oft schon aus, um sich auch der Kooperation schwieriger Personen zu versichern. Überlegen Sie, wie Sie auf Einwände gegen Ihre Vorschläge reagieren wollen. Überlegen Sie, welche Einwände kommen könnten und auf welche Vorteile, die Ihre Vorschläge haben, Sie verweisen können, vor allem auf jene, die für die andere Person von Nutzen sind.

VORBEHALTE ZERSTREUEN

Alle Vorbehalte besprechen, dann Vorteile erläutern

↓

Mitarbeiter bitten, mögliche neue Vorbehalte zu nennen

↓

Wieder beruhigend argumentieren

↓

Mitarbeiter fragen, ob er nun mit Vorschlägen einverstanden ist

↓

Lautet die Antwort »Nein«, fragen Sie, warum.

↓

Weitere Vorteile erläutern und sich auf gemeinsame Ziele einigen

KOOPERATIONSZIELE SETZEN

Sich gemeinsam mit dem Betreffenden, z.B. Mitarbeiter oder Kunde, auf Kooperationsziele zu einigen, verringert das Risiko, dass er plötzlich schwierig wird, weil er nicht genau verstanden hat, was von ihm erwartet wird. Wichtig ist also, Ziele so zu definieren, dass jeder genau weiß, was er für ihre Realisierung zu tun hat. Ermutigen Sie Mitarbeiter, die Ziele mit ihren eigenen Worten aufzuschreiben, damit sie sie richtig verstehen und wissen, wann sie sie erreicht haben. Setzen Sie klare Ziele, damit niemand in einem späteren Stadium unkooperativ wird, weil die Ziele nicht eindeutig definiert waren.

TUN UND LASSEN

- ✔ Alle Vorteile eines Vorschlags notieren, bevor man mit einer schwierigen Person spricht
- ✔ Darauf achten, dass einige Vorteile die Frage »Was bringt mir das?« aus der Sicht der schwierigen Person beantworten
- ✗ Sich nicht nur auf Ziele, sondern auch auf Termine einigen und darauf, wie deren Einhaltung überprüft wird
- ✗ Nie davon ausgehen, dass der andere genauso denkt wie man selbst – im Zweifelsfall immer nachfragen

ZIELE SETZEN MIT SMART

Es kann hilfreich sein, bei der Festlegung von Zielen die SMART-Formel anzuwenden. So sollten Ziele sein:

- Spezifisch: es sollte klar und eindeutig benannt werden, was erwartet wird;
- Messbar: Menge, Zeit, Qualität und Kosten müssen bezifferbar sein;
- Ausführbar: sie sollten für Mitarbeiter mit den in ihren Zuständigkeitsbereichen verfügbaren Ressourcen realisierbar sein;
- Realistisch: sie sollten der Stelle/dem Projekt angemessen und realisierbar sein;
- Terminiert: die Zeitspanne zum Erreichen des Ziels sollte realistisch sein.

BESPRECHUNGEN VORBEREITEN

Manche Menschen werden schwierig, wenn sie unter Stress stehen, wie z.B. bei Bewerbungs- und Beurteilungsgesprächen oder in der Einarbeitungszeit. Bereiten Sie sich auf solche Situationen vor, um dem Betreffenden etwas den Stress zu nehmen.

44 Schwierige Situationen entspannen, indem man mit leichten Fragen beginnt.

45 Einen Bewerber begrüßen und in den Raum geleiten.

46 Zur Vorbereitung den Lebenslauf genau lesen.

VORSTELLUNGSGESPRÄCHE

Sorgen Sie dafür, dass sich ein Bewerber wohl fühlt und sich somit von seiner besten Seite zeigen kann. Wenn ein Bewerber eine Stelle unbedingt haben will, kann er vor lauter Nervosität überreagieren und zu viel oder zu wenig reden oder eine Abwehrhaltung einnehmen, weil er manche Fragen als »Fangfragen« empfindet. Ermutigen Sie ihn, Ihre Fragen direkt zu beantworten. Weicht er vom Thema ab, bringen Sie ihn wieder auf den Punkt, oder erklären Sie, warum Sie etwas Bestimmtes wissen wollen. Formulieren Sie Fragen um, falls Sie nicht verstanden wurden.

Managerin stellt sich vor und erklärt den Ablauf des Gesprächs.

Bewerber hat Zeit, sich zu entspannen und auf das Gespräch vorzubereiten.

◄ VERTRAUEN AUFBAUEN
Achten Sie auf eine offene Körpersprache, lächeln Sie ermutigend, damit der Bewerber lockerer wird, und verschanzen Sie sich nicht hinter einem Schreibtisch.

MITARBEITERGESPRÄCHE

Geben Sie einem potenziell schwierigen Mitarbeiter Zeit, sich auf ein solches Gespräch vorzubereiten. Informieren Sie ihn darüber, was ihn erwartet, und bereiten Sie sich gründlich vor – Sie sollten zwar Fragen stellen, aber primär dem Mitarbeiter das Reden überlassen. Begründen Sie Ihr Lob mit Beispielen von ihm erbrachter Leistungen, und konzentrieren Sie sich in Bereichen, die verbesserungswürdig sind, auf konstruktive Kritik. Ihre Beurteilung sollte zu zwei Dritteln aus positivem Feedback und zu einem Drittel aus konstruktiver Kritik bestehen. Erstellen Sie gemeinsam einen Aktionsplan.

DAS IST ZU TUN

1. Datum und Ort der Beurteilung spätestens zwei Wochen vorher bestätigen
2. Dem Beurteilten Orientierungs- und Selbsteinschätzungshilfen geben
3. Stellenbeschreibung, Beurteilung und Aktionsplan des letzen Jahres nochmals lesen
4. Schulungen, Projektergebnisse und andere berufliche Leistungen notieren
5. Den Ablauf des Beurteilungsgespräches planen
6. Fragen vorbereiten

Beurteilter notiert anstehende Aufgaben, die sich aus Gespräch ergeben.

EFFEKTIV BEURTEILEN

Nutzen Sie ein Beurteilungsgespräch, um den Blick des Mitarbeiters auf die Zukunft zu lenken: identifizieren Sie entwicklungsbedürftige Bereiche und angestrebte Ziele.

NICHT VERGESSEN

- Durch gute Vorbereitung lassen sich schwierige Situationen in den Griff bekommen.
- Langfristig spart man Zeit, wenn man Checklisten für die Vorbereitung auf Bewerbungs- und Beurteilungsgespräche anlegt.
- Sich in den anderen hineinzuversetzen hilft, Schwierigkeiten vorherzusehen.
- Nachprüfen, ob die vereinbarten Schritte unternommen wurden

MITARBEITER EINARBEITEN

Die erste Zeit in einer neuen Firma kann für einen Arbeitnehmer äußerst stressig sein, da er die Unternehmenskultur noch nicht kennt. Dennoch können solche »Neuzugänge« sehr hilfreich sein, da sie Sie und Ihr Team noch völlig unvoreingenommen beurteilen können. So sollte man die ehrliche Meinung eines neuen Mitarbeiters schätzen und sie nicht als Zeichen dafür werten, dass er schwierig ist oder »nicht hierher passt«. Sein Feedback kann Ihnen Anreize zur Weiterentwicklung Ihres Teams geben und auch seine Einarbeitungszeit effektiver machen.

KOOPERATION DURCH GUTE FÜHRUNG

Mitarbeiter können schwierig werden, wenn sie das Gefühl haben, keine klaren Anweisungen zu erhalten. Entwickeln Sie Ihre Führungsqualitäten weiter, und passen Sie Ihren Führungsstil an, um schwierige Mitarbeiter zur Kooperation zu bewegen.

47 Fördern Sie eine Atmosphäre, in der sich Mitarbeiter gegenseitig Feedback geben.

48 Neue Mitarbeiter brauchen anfangs eventuell mehr Unterstützung.

49 Ermutigen Sie erfahrene Mitarbeiter, Initiative zu zeigen.

EFFEKTIV FÜHREN

Zum effektiven Management gehört, Projekte erfolgreich zum Abschluss zu bringen, d.h., Ressourcen effizient einzusetzen, um die gewünschten Resultate zu erhalten. Prüfen Sie, ob Sie Rollen und Ziele klar definiert, Ressourcen Ihren Prioritäten entsprechend eingeplant und eingesetzt sowie alle über die Kontrollinstrumente, die Sie verwenden wollen, in Kenntnis gesetzt haben. Ist ein Mitarbeiter dann immer noch unzufrieden, haben Sie ihn in der Planungsphase womöglich nicht genug mit einbezogen. Überwachen Sie seinen Fortschritt gemeinsam.

PROJEKTE MANAGEN

Sorgen Sie dafür, dass alle Beteiligten von Anfang an die Ziele, mögliche Probleme sowie die wichtigsten Etappen eines Projektes kennen, und dass jeder weiß, wofür er zuständig und an welchen Phasen er beteiligt ist. So lässt sich das Risiko verringern, dass Mitarbeiter später Schwierigkeiten machen, weil sie nicht über alle Informationen verfügen, die sie benötigen. Im voraus festgelegte und während des Projektes regelmäßig abgehaltene Besprechungen können helfen, innerhalb des Budgets und des Zeitplans zu bleiben.

WICHTIGE FRAGEN

- F Setze ich meinen Teammitgliedern immer faire Ziele?
- F Bewerte ich die Gesamtleistung jedes Einzelnen?
- F Habe ich allen möglichen Hindernissen vorgebeugt, die das Projekt stören könnten?
- F Treten immer wieder die gleichen Probleme auf? Muss ich mich also fortbilden?

50 **Wer delegiert, zeigt Vertrauen – das kann verhindern, dass Leute schwierig werden.**

MITARBEITER FÜHREN

Wenn Mitarbeiter mit Ihrem Führungsstil nicht zurecht kommen, sollten Sie diesen in manchen Situationen ändern. Sagen Sie niemandem, wie er seine Arbeit erledigen soll – teilen Sie ihm lieber mit, welche Ziele angestrebt werden und warum, um den Betreffenden dann selbst entscheiden zu lassen, wie er diese erreicht. Wichtig ist für einen Vorgesetzten auch, sinnvoll delegieren zu können, um Stress oder Überarbeitung zu vermeiden, denn beides könnte Teamkonflikte provozieren. Besprechen Sie mit den Mitarbeitern, an die Sie Arbeit delegiert haben, die geplanten Ziele.

FEEDBACK GEBEN

Wer Feedback erhält, lernt, sich mit den Augen anderer zu sehen. Fehlt Feedback, kann es passieren, dass ein Teammitglied nicht mehr effizient arbeitet, es aber nicht merkt. Feedback kann jedoch auch als bedrohlich empfunden werden – erwartet jemand negative Kritik, kann er sich zurückziehen oder in die Defensive gehen. Geben Sie regelmäßig Feedback, so dass es allmählich als etwas Selbstverständliches betrachtet wird. Konzentrieren Sie sich dabei mehr auf die Resultate als auf die Person selbst.

51 **Konstruktives Feedback ermutigt Mitarbeiter.**

▼ FEEDBACK IM VERGLEICH

Feedback kann sich positiv oder negativ auswirken. Positives Feedback ist konstruktiv und konzentriert sich auf das, was wichtig ist, negatives hingegen ist wertend, überkritisch oder kleinlich.

POSITIVES FEEDBACK | NEGATIVES FEEDBACK

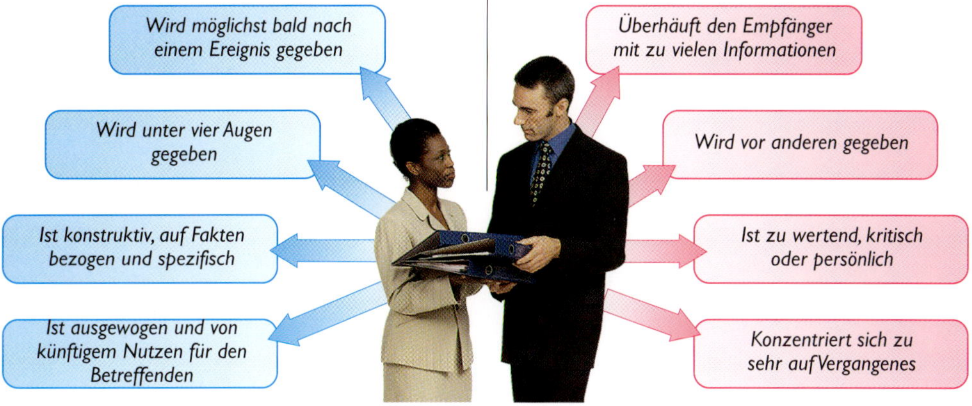

UMGANG MIT SCHLECHTER LEISTUNG

Es kann sein, dass schlechte Leistungen auf zu viel oder zu wenig Stress zurückzuführen sind. Achten Sie auf Anzeichen, um dem Betreffenden helfen zu können, ein konstruktives Stressniveau zu finden. Bessern sich seine Leistungen nicht, muss man ihn eventuell entlassen.

52 Wer Herausforderungen bewältigt, entwickelt sich weiter.

53 Achten Sie auf Verhaltensänderungen bei Mitarbeitern.

54 Stellen Sie einer schwierigen Person eine fordernde Aufgabe, und warten Sie ab.

STRESS ERKENNEN

Jeder Mensch braucht ein bestimmtes Quantum an Stress. Das spornt zu besseren Leistungen an, und die Befriedigung ist größer, wenn eine Herausforderung bewältigt wurde. Wenn ein schwieriger Mitarbeiter lethargisch, gelangweilt und wenig begeistert von seiner Arbeit wirkt, ist er unterfordert. Scheint jedoch ein Mitarbeiter wütend zu sein und seine eigene Arbeit zu sabotieren, könnte das ein Zeichen für zu viel Stress sein. Wo auch immer das Problem liegt, Sie sollten zusammen mit dem Teammitglied über seine Arbeit sprechen und klare Ziele setzen. Sprechen Sie über Maßnahmen, mit denen sich etwas verbessern ließe. Steht ein Mitarbeiter z.B. unter zu großem Stress, könnte man einen Teil seiner Aufgaben an andere delegieren.

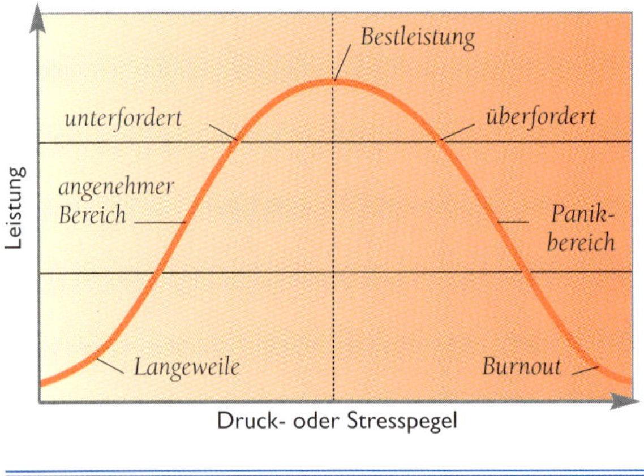

◀ **STRESSKURVE NACHVOLLZIEHEN**

Dieses Diagramm zeigt, wie Leistungen durch Veränderung des Stresspegels beeinträchtigt werden. Mangelnder Stress an einem Ende der Kurve und zu viel Stress am anderen haben die gleiche Auswirkung: die Leistungen verschlechtern sich drastisch.

SCHLECHTE LEISTUNGEN ANALYSIEREN

WAS TUN BEI SCHLECHTEN LEISTUNGEN? ▲

Bei der Beurteilung schlechter Leistungen sind zwei Dinge wichtig: Wusste der Betreffende genau, was von ihm erwartet wird? Hatte er die Chance, seine Leistungen zu verbessern?

55 Bevor Sie jemanden entlassen, prüfen Sie, ob Sie ihm jede mögliche Unterstützung haben zukommen lassen.

MITARBEITER ENTLASSEN

Wenn alle Ihre Versuche scheitern, einem schwierigen Mitarbeiter zu besseren Leistungen zu verhelfen, dann werden Sie den Betreffenden entlassen müssen. Besteht das Problem in mangelhafter Qualifikation, prüfen Sie, ob Sie den Mitarbeiter auf eine geeignetere Position innerhalb der Firma versetzen können. Bei anhaltend schwierigem Verhalten oder schlechten Leistungen müssen Sie auf die firmeninternen Disziplinarmaßnahmen zurückgreifen und dem Betreffenden kündigen. Eine Kündigung muss immer schriftlich erfolgen, sollte aber zusätzlich in einem Gespräch unter vier Augen ausgesprochen werden.

NICHT VERGESSEN

- Auf eine ablehnende Haltung gegenüber Arbeit und Firma sollte sofort reagiert werden.
- Berücksichtigt werden sollte auch, welche Rolle die Firma bei der Entstehung eines Problems gespielt hat.
- Lesen sie sich in die in der Firma gängigen Disziplinierungsmaßnahmen und -richtlinien ein.
- In manchen Fällen ist es ratsam, einen professionellen Berater heranzuziehen.

OBJEKTIV BLEIBEN

Im Umgang mit schwierigen Menschen ist es hilfreich, objektiv zu bleiben. Das jedoch erfordert ein hohes Maß an Selbsterkenntnis. Wer seine eigenen Vorurteile einschätzen kann, durchschaut eher, was eine effektive Zusammenarbeit mit anderen verhindert.

56 Nie zulassen, dass das eigene Urteilsvermögen getrübt wird.

57 Denken Sie daran, dass jeder selektiv zuhört.

58 Projizieren Sie nicht jemand anderen auf Ihr Gegenüber.

SEINE EIGENEN VORURTEILE KENNEN

Ihre Herkunft – Erziehung, Ausbildung, berufliche und schulische Erfahrungen, Kindheitserlebnisse, Eltern oder Freunde und die Kreise, in denen Sie sich bewegen – beeinflusst Ihre Weltsicht. Wer anerkennt, dass jeder Mensch die Welt durch seinen ganz persönlichen Filter betrachtet, der kann sich besser in eine Person, die schwierig scheint, hineinversetzen. Oft gehen beide Seiten unbewusst davon aus, dass die Unterschiede zwischen ihnen eine effektive Kommunikation und objektive Sichtweise verhindern.

OBJEKTIV BLEIBEN

Wer sich bewusst ist, dass seine Sichtweise subjektiv gefärbt sein kann, wird nicht so schnell den Fehler begehen, einen Menschen sofort in eine bestimmte Schublade zu stecken. Um subjektive Einschätzungen zu vermeiden, gehen Sie offen auf andere zu, und hören Sie sich deren Standpunkt an. Wenn Sie mit einer schwierigen Person reden, machen Sie Notizen, und fassen Sie das Gespräch zusammen, um sicher zu gehen, dass jeder den anderen verstanden hat. Falsch ist, sich zuerst eine Meinung zu bilden und dann zu versuchen, die Fakten dieser anzupassen. Stellen Sie stattdessen zuerst Fragen und sammeln Sie Fakten.

KULTURELLE UNTERSCHIEDE

Menschen aus verschiedenen Kulturen nehmen andere oft unterschiedlich wahr. Amerikaner und Europäer z.B. begrüßen Fremde oft, als wären sie alte Freunde, was auf Menschen aus (z.B. asiatischen oder arabischen) Ländern, in denen man reservierter ist, unehrlich oder respektlos wirken kann.

VOREINGENOMMENHEIT ÜBERWINDEN

EINSCHÄTZUNG	WIE REVIDIERE ICH SIE?
HEILIGENSCHEIN / HÖRNER Man fällt aufgrund von ein oder zwei positiven bzw. negativen Eigenschaften ein Urteil über eine Person.	• Fakten über die Leistung dieser Person sammeln und berücksichtigen • Prüfen, wie gravierend das Problem im Hinblick auf die Gesamtleistung des Teammitglieds ist
»WIE ICH« Die Neigung, jemanden, der einem ähnlich zu sein scheint, zu bevorzugen, zu fördern bzw. einzustellen	• Die Stärken der Person herausfinden • Bereiche zur Weiterentwicklung der Person identifizieren • Definieren, welche Kenntnisse oder Fähigkeiten für Stelle bzw. Projekt nötig sind
VORURTEIL Jemand wird wegen seiner Herkunft oder Ähnlichkeit mit jemandem diskriminiert.	• Überlegen, an wen einen diese Person erinnert • Prüfen, was genau an deren Verhalten oder Arbeit einen stört • Prüfen, welche vorgefasste Meinung man haben könnte
TATSACHEN VERZERREN Psychologische Erkenntnisse fälschlich verallgemeinern, z.B. »Alle Verkäufer sind extrovertiert«	• Überlegen, welche Voraussetzungen für Job wichtig sind • Entscheiden, wie viel Erfahrung und welche Qualifikationen tatsächlich nötig sind • Prüfen, worauf die Einschätzung beruht
STEREOTYPISIERUNG Sich an einem Idealbild vom perfekten Mitarbeiter orientieren statt an den tatsächlichen Stärken einer Person	• Überlegen, was von der Stelle verlangt wird • Prüfen, ob die eigenen Einwände realistisch sind • Die wichtigsten/wünschenswerten Qualifikationen definieren, die jemand für diese Arbeit haben sollte

INFORMATIONEN BEWERTEN

Zu wissen, dass man Mitarbeiter an einem »Idealbild« misst oder Personen bevorzugt, die viel mit einem gemein zu haben scheinen, kann dabei helfen, schwierige Menschen objektiver zu beurteilen. Wichtig ist vor allem, die Person und deren Verhalten als Ganzes zu beurteilen. Achten Sie darauf, dass Sie bei der Beurteilung nicht nur an die Fälle denken, in denen jemand ein schwieriges Verhalten an den Tag legte, und darüber seine sonstige Kooperationsbereitschaft und seine Leistungen vernachlässigen. Fragen Sie sich, ob nicht vielleicht Sie unbewusst etwas getan haben, das diese Änderung im Verhalten herbeigeführt hat.

59 Bilden Sie sich nie vorschnell eine Meinung.

60 Wer Fragen stellt und gut zuhört, fällt nicht so schnell ein falsches Urteil.

FRAGEN UND ZUHÖREN

Die richtigen Fragen zum richtigen Zeitpunkt zu stellen, beschleunigt die Kommunikation, da man rasche und effektive Antworten bekommt. Der Schlüssel hier liegt darin, gut zuzuhören und auf Hinweise für die nächste Frage zu achten.

61 Schweigen hat die gleiche Wirkung wie hartnäckiges Fragen.

62 Fragen vorbereiten und auf Hinweise achten, aus denen sich die nächste Frage ableiten lässt.

OFFENE FRAGEN STELLEN

Um herauszufinden, warum jemand schwierig ist, stellen Sie ihm am Besten diplomatische Fragen. Offene Fragen ermutigen den Betreffenden, sich zu öffnen und preiszugeben, welche (arbeitsbezogenen oder persönlichen) Probleme er hat. Vermeiden Sie es, Fragen zu stellen, die nur »Ja« oder »Nein« als Antwort zulassen wie »Haben Sie...?«, denn dadurch zwingen Sie Ihr Gegenüber förmlich, genau das zu sagen, was Sie bereits vermuten.

OFFENE FRAGEN STELLEN

Es gibt viele Möglichkeiten, eine offene Frage zu formulieren. Versuchen Sie solche Fragen mit Wörtern wie »Was...?«, »Wer...?«, »Wann...?« und »Wie...?« einzuleiten, die eine ausführlichere Antwort verlangen. Hier einige Beispiele:

»Was, glauben Sie, hat diese Situation herbeigeführt?«

»Was wäre Ihrer Meinung nach ein besserer Weg?«

»Wann könnte das fertig sein?«

»Wer könnte uns hierbei noch unterstützen?«

»Wie können wir dieses Problem rasch lösen?«

»Was halten Sie davon?«

ZEIT LASSEN FÜR DIE ANTWORT

Offene Fragen lassen dem schwierigen Mitarbeiter Zeit zum Nachdenken und Formulieren einer Antwort. Wenn Sie den Verdacht hegen, Ihr Gegenüber habe eine Sache noch nicht gründlich durchdacht, können Sie ihm Fragen stellen, die ihm das Abwägen von Pro und Contra erleichtern, z.B. »Was sind die Vorteile und Nachteile von...?« oder »Welche Vorteile und Nachteile sehen Sie, wenn...?« Brauchen Sie Zeit, um die Antwort des Teammitglieds zu überdenken, dann sagen Sie etwas wie »Das ist ein interessanter Punkt. Darüber möchte ich gerne in Ruhe nachdenken.« Eine Pause gibt Ihnen Zeit zum Nachdenken.

63 Häufige Pausen geben Ihnen beiden Zeit zum Nachdenken.

Manager sagt, er müsse kurz über die angesprochenen Punkte nachdenken.

Teammitglied will eine Meinung zu einem heiklen Thema hören.

KONTROLLE BEHALTEN

Wenn ein schwieriges Teammitglied eine schnelle Antwort von Ihnen will, lassen Sie sich nicht dazu verleiten, vorschnell zu antworten. Wer in Ruhe über das Gesagte nachdenkt, zeigt, dass er den Standpunkt des anderen ernst nimmt.

64 Ein zu häufiges »Warum« kann Stress auslösen.

65 Hören Sie nicht nur zu, sondern zeigen Sie auch, dass Sie es tun.

AKTIV ZUHÖREN

Wer einen schwierigen Mitarbeiter zum Weiterreden ermuntern will, ohne das Gesagte schon zustimmend oder ablehnend zu kommentieren, sollte in ermutigendem Tonfall etwas Unverbindliches von sich geben wie »Mhm«, »Ah ja« und »Sprechen Sie ruhig weiter«, das den anderen zum Weitersprechen animiert. Oder greifen Sie ein paar Worte Ihres Gesprächspartners auf und haken Sie nach (»Sie sagten, Sie hätten das als Herausforderung empfunden. In welcher Hinsicht?«). All das zeigt, dass Sie aufmerksam zuhören. Wer die Aussagen seines Gegenübers zusammenfasst, zeigt, dass er aktiv zuhört.

ZUHÖREN WILL GELERNT SEIN

ART DES ZUHÖRENS	EFFEKTIV UMSETZEN
WIDERSPIEGELND Die gleichen Worte verwenden wie das Gegenüber, um ihm Informationen entlocken und es besser verstehen zu können	Sich in die Lage des Gegenübers versetzen und Verständnis zeigen durch wenig Reden, aber ermutigendes Nicken und Zuspruch
NACHFORSCHEND Auf ungewöhnliche oder besonders betonte Worte achten, die auf heftige Gefühle hindeuten	Mit offenen Fragen Gründe für die Haltung des Gegenübers herausfinden, auf Worte und Körpersprache achten
BESTÄTIGEND Ideen und Gefühle des Gegenübers berücksichtigen und die Fakten, bei denen man übereinstimmt, zusammenfassen	Versuchen, eine Einigung mit dem schwierigen Mitarbeiter zu erzielen und auf seinen Vorschlägen aufbauend das Gespräch in die gewünschte Richtung lenken

AUF WORTE UND TONFALL ACHTEN

Um eine gute Beziehung zu einem schwierigen Teammitglied herzustellen, sollte man sich der Sprechgeschwindigkeit des anderen anpassen. Spricht jemand bedächtig und langsam, dann würde eine schnelle, abgehackte Zwischenfrage eher wie eine Unterbrechung wirken, anstatt dazu zu animieren, sich zu öffnen, wodurch Sie nachvollziehen können, warum er schwierig ist. Achten Sie auf Höhe und Tonfall einer Stimme. Wenn jemand sehr nervös oder angespannt ist, spricht er meist in einer höheren Tonlage und die Stimme klingt gepresst. Ein schwankender, unsicherer Tonfall kann darauf hindeuten, dass Ihr Gegenüber Zweifel hegt.

66 Prüfen: Ist ein abwehrender Tonfall hörbar?

▼ SPRECHWEISE UND STIMMHÖHE

Anhand seiner Sprechweise und seines Tonfalls lassen sich Rückschlüsse auf die Gefühle eines Menschen ziehen. Um eine gute Beziehung zu ihm herzustellen, sollte man sich seiner Sprechweise anpassen.

Managerin hört dem langsam Sprechenden geduldig zu und plant eine ruhige, bedächtige Antwort.

67 Bei ungewöhnlichen und wiederholten Worten sollten Sie nachhaken.

NICHT VERGESSEN

- Ein Manager, der seinen Teammitgliedern zuhört, ermutigt sie, ihr Bestes zu geben.
- Ideen nie ohne Nachdenken kritisieren – sonst traut sich niemand mehr, Vorschläge zu machen.
- Viele konstruktive Diskussionen scheitern, weil die Konzentration auf das Wichtigste fehlt.
- Blickkontakt halten, Interesse zeigen und die Bereitschaft, aus dem Gespräch etwas zu lernen, helfen dabei, sich zu konzentrieren.

AUF UNAUSGESPROCHENES ACHTEN

Wenn Sie die richtigen Fragen gestellt haben, hören Sie sich die Antworten genau an, und achten Sie vor allem auf Worte oder Wendungen, die oft wiederholt werden und darauf hinweisen, was das Gegenüber wirklich beschäftigt. Die häufige Wiederholung von Worten wie »zu schwierig«, »problematisch« und »nicht meine Schuld« deutet darauf hin, dass die Person sich nicht zutraut, die vor ihr liegende Aufgabe zu lösen. Worte wie »wichtig für mich«, »Herausforderung« und »unerlässlich« deuten auf Themen hin, die für die Person sehr wichtig sind. Achten Sie auch auf das, was nicht gesagt wird, denn dies kann Ihnen ähnlich wichtige Hinweise auf Dinge geben, die Ihnen Ihr Gegenüber vielleicht verschweigt.

68 Betonte Worte geben darüber Aufschluss, was dem Sprechenden wirklich wichtig ist.

AUF SPRECHWEISE ACHTEN

Prüfen Sie, ob Sie Ihre Sprechweise der Ihres Gegenübers tatsächlich anpassen. Achten Sie vor allem auf:

- Sprechgeschwindigkeit: Spreche ich zu langsam oder zu schnell? Wirkt meine Stimme unsicher oder zögernd?
- Stimmstärke: Wie spreche ich – mit erhobener, ruhiger, klarer Stimme? Muss ich lauter/leiser sprechen?
- Sprechpausen: Gibt es viele Sprechpausen? Spreche ich zu viel, oder denke ich zu lange nach?
- Stimmhöhe: Klingt meine Stimme angespannt? Klingt sie höher, gepresster oder nervöser als sonst?
- Artikulation: setze ich die Betonung deutlich, spreche ich jedes Wort klar aus?

SICH HÖREN ▶
Achten Sie auf Ihre Stimme, um sicherzugehen, dass Sie deutlich sprechen und die richtige Botschaft übermitteln.

NONVERBALE KOMMUNIKATION

Ein schwieriger Mensch wird aufgrund Ihrer Körpersprache längst wissen, wie Sie zu ihm stehen, bevor Sie auch nur ein Wort gesagt haben. Wer die nonverbalen Signale des Gegenübers deuten und so Konfliktpotenziale beurteilen kann, ist stets einen Schritt voraus.

69 Immer aufgeschlossen bleiben – egal, wie man zum Gegenüber steht.

70 Achten Sie auf nonverbale Signale vor der Antwort.

71 »Widerspiegelnde« Körpersprache schafft Vertrauen.

DIE RICHTIGE BOTSCHAFT ÜBERMITTELN

NLP (Neurolinguistische Programmierung) kann Ihnen helfen, ein besseres Verhältnis zu einer schwierigen Person aufzubauen. Untersuchungen haben gezeigt, dass Kommunikation zu 55 % über Körpersprache, zu 38 % über den Tonfall und nur zu 7 % über die Worte funktioniert. NLP stellt einige sehr nützliche Techniken für erfolgreiche nonverbale Kommunikation zur Verfügung. Wer z.B. selbstbewusst auftritt, fühlt sich auch selbstbewusster. NLP kann auch beim Aufbau von Vertrauen zwischen Menschen helfen. Durch eine aufmerksame, aber entspannte Körperhaltung ermutigt man ein schwieriges Gegenüber, die eigene positive Körpersprache zu übernehmen, was wiederum eine positivere Einstellung bewirkt.

Managerin beugt sich leicht vor, wirkt aufmerksam, entspannt und bereit zuzuhören.

◄ KÖRPERSPRACHE

Um zu zeigen, dass man an dem interessiert ist, was das Gegenüber zu sagen hat, sollte man Blickkontakt herstellen, zum Sitzen die ganze Stuhlfläche nutzen, sich leicht nach vorne beugen, die Arme nicht verschränken und die Beine nicht kreuzen.

AUGENBEWEGUNGEN INTERPRETIEREN

SICH BILDER VORSTELLEN
Schaut jemand nach rechts oben, aktiviert er meist sein Vorstellungsvermögen oder macht sich ein Bild von etwas.

SICH AN KLÄNGE ERINNERN
Schaut jemand nach links, versucht er sich meist an einen oder an etwas, das einmal gesagt wurde, zu erinnern

SICH AN BILDER ERINNERN
Schaut jemand nach links oben, versucht er sich meist gerade ein Bild aus der Vergangenheit ins Gedächtnis zu rufen.

INNERER DIALOG
Schaut jemand nach links unten, hört er meist auf eine innere Stimme oder führt einen inneren Dialog.

SICH WORTE ZURECHTLEGEN
Schaut jemand nach rechts, versucht er meist, im Geist eine verbale Erwiderung zu formulieren.

GEFÜHLE PRÜFEN
Schaut jemand nach rechts unten, so prüft er, was er angesichts einer Sache empfindet.

72 Augenbewegungen liefern Hinweise, wie man auf den anderen zugehen muss.

NICHT VERGESSEN

- Gestik, Mimik und Sprechweise geben Aufschluss, wie man mit seinem Gegenüber umgehen sollte.
- Verschränkte Arme deuten darauf hin, dass ein Thema heikel ist.
- Passt man sich der Sprechweise des Gegenübers an, lässt sich leichter eine Beziehung aufbauen.

DIE SINNE EINSETZEN

Wenn Menschen denken und kommunizieren, nutzen sie meist drei Sinne: Sehen, Hören und Fühlen. Aufgrund der Augenbewegungen und Sprechweise einer Person kann man einschätzen, wie sie Informationen verarbeitet und dies nutzen, um Vertrauen aufzubauen. Schaut jemand zum Beispiel nach oben und verwendet zudem noch bildliche Worte wie »Ich sehe das anders«, antworten auch Sie in einer visuellen Sprache, z.B. mit »Betrachten wir es einmal von dieser Seite...«. Verwendet jemand eine auditive Sprache wie »Aus Ihrem Tonfall schließe ich...«, antworten Sie z.B. mit »Ja? Ich bin ganz Ohr.« Sagt jemand »Mein Instinkt sagt mir...«, antworten Sie z.B. mit »Ich sehe, Sie haben ein Gespür für...«.

LÖSUNGEN FINDEN

Lösungen lassen sich leichter finden, wenn man geschickte Fragen stellt und einen innovativen Ansatz verfolgt. Man muss Lösungen finden, denen selbst der schwierigste Mitarbeiter noch zustimmt.

73 Wer Fragen stellt, versteht fremde Wünsche und Ideen besser.

74 Gemeinsamkeiten suchen – darauf lässt sich eine konstruktive Diskussion aufbauen.

ZU OFFENEM DIALOG ERMUTIGEN

Eine schwierige Person öffnet sich eher und lässt sich auf einen Dialog ein, wenn man ihr signalisiert, was sie erwartet. Leiten Sie Ihre Sätze deshalb mit Formeln ein wie »Darf ich vorschlagen...« und »Ich möchte Sie fragen, ob...«. Wenn Sie eine andere Meinung vertreten, halten Sie sich erst einmal zurück. Wenn Sie widersprechen müssen, sagen Sie zuerst, warum.

BEEINFLUSSUNGSSTRATEGIEN

ZWANG AUSÜBEN
Jemand tritt fordernd und autoritär auf und schreckt auch vor Druckausübung nicht zurück, um Resultate zu erzielen.

EINBEZIEHEN
Einbeziehen heißt, jemanden zu ermutigen und ihn ins Vertrauen zu ziehen, um eine Beziehung aufzubauen und sein Selbstvertrauen zu stärken.

ÜBERREDEN
Jemand versucht, seine Ziele durch Einsatz von Logik und das Appellieren an Gefühle zu erreichen.

DISKUSSIONEN LENKEN

Um eine Diskussion in die gewünschte Richtung lenken zu können, sollte man herausfinden, was dem anderen wichtig ist, so dass man gezielt auf die Vorteile hinweisen kann, die sich für ihn ergeben, wenn er tut, was Sie vorschlagen. Die Beeinflussung kann sehr subtil sein, z.B. indem man »Ich möchte dazu anregen« statt »Ich schlage vor« sagt, aber man kann auch ausgeklügelte Fragen stellen, um Bedürfnisse und Motivation des anderen herauszufinden.

DEN ANDEREN ÜBERZEUGEN

Aus Körpersprache und Tonfall eines Menschen lässt sich oft schließen, welche Art von Lösungen er vorzieht. Bitten Sie Ihren Gesprächspartner, die Maßnahmen zusammenzufassen, auf die Sie sich geeinigt haben. Ist das Teammitglied mit einigen davon nicht ganz einverstanden, wird es deren Wortlaut verändern oder sie ganz weglassen. Scheint es hingegen begeistert zu sein und schildert den Aktionsplan, auf den Sie sich geeinigt haben, im Detail, haben Sie es geschafft, den Mitarbeiter zu überzeugen.

75 Ermuntern Sie zur Verwendung aktiver Verben, z.B. »Ich werde... tun« statt »Es muss etwas getan werden«.

AKTIONSPLAN

Stellen Sie Fragen wie »Was muss erledigt werden, wie, bis wann und von wem?« In dem daraus resultierenden Aktionsplan sollte stehen: das anvisierte Ziel, die notwendigen Schritte (hauptsächlich des Mitarbeiters), die Ressourcen (z.B. wer noch mit einbezogen werden sollte), wichtige Etappenziele, ein realistischer Zeitplan, und das gewünschte Resultat.

AKTIONSPLAN

Nr.	Wichtige Schritte	Wer	Bis
1	Grafik erstellen, die die Umsatzergebnisse der letzten drei Quartale verdeutlicht	CM	Ende April
2	Absatzstrategie prüfen und potenzielle neue Wachstumsbereiche ausfindig machen	LT	Ende Juni
3	350 neue Kundenkontakte pro Monat schaffen	SL	Ende Juli
4	Neues Firmenlogo in Auftrag geben, das zum neuen Markenimage passt	CM	Ende Sep.

Vereinbarter Termin für Realisierung des Ziels

Initialen des für diese Aufgabe Verantwortlichen

Detaillierte Beschreibung der geplanten Arbeitsschritte, auch der vereinbarten Maßnahmen

JEMANDEN ÜBERZEUGEN

Besprechungszweck nennen: gemeinsam Lösungen finden

↓

Sich auf Diskussionsthemen einigen

↓

Einen fruchtbaren Dialog beginnen

↓

Sich auf Aktionsplan einigen

↓

Teammitglied bitten, gemeinsam festgelegte Schritte zusammenzufassen

▼ AKTIONSPLAN ERSTELLEN

Erstellen Sie immer einen Aktionsplan, um festzuhalten, auf welche Arbeitsschritte Sie sich geeinigt haben. Aus ihm sollte klar ersichtlich sein, wer bis wann was tun muss.

LÖSUNGEN DISKUTIEREN

Die richtigen Lösungen zu finden und zu diskutieren, erfordert Kreativität und Flexibilität. Sie müssen eine Lösung finden, die sowohl dem schwierigen Mitarbeiter zusagt als auch für Sie und Ihr Team befriedigend ist. Dazu müssen Sie herausfinden, was ersterer will.

76 Grund für Fragen nennen, damit keine falschen Motive unterstellt werden.

WICHTIGE FRAGEN

- **F** Habe ich mit meinen Lösungsvorschlägen Flexibilität und Kreativität bewiesen und auch dazu ermutigt?
- **F** Weiche ich auch gegen Widerstand nicht von meinem Standpunkt ab?
- **F** Habe ich mir die geklärten Punkte notiert?
- **F** Gewähre ich etwas, das andere später ebenfalls einfordern könnten?

KONZENTRIEREN AUF ÜBERGEORDNETE ZIELE

Können Sie einen schwierigen Mitarbeiter nicht dazu bewegen, einem Etappenziel zuzustimmen, versuchen Sie herauszufinden, ob es ein übergeordnetes Ziel gibt, auf das Sie sich einigen könnten. Wenn Sie z.B. Ihr Team vergrößern wollen, der Kollege aber nicht, versuchen Sie diese Pattsituation zu überwinden, indem Sie ein Ziel anvisieren, das Sie beide zufrieden stellt, z.B. die Arbeitsleistung des Teams zu erhöhen. Stellen Sie weitere Fragen, um zu erkunden, welchen Nutzen der andere erwartet.

▼ **EINIGUNG ERZIELEN**
Um aus einer Pattsituation heraus zu gegenseitiger Kooperation zu gelangen, müssen Sie viele Fragen stellen und ein übergeordnetes Ziel finden, mit dem Sie beide zufrieden sind.

DURCH DISKUTIEREN BESTE LÖSUNG FINDEN

Viele betrachten eine Diskussion zur Lösungsfindung als eine Art Tauziehen, bei dem es vier mögliche Ergebnisse gibt. Die einzig erstrebenswerte Lösung ist eine für beide vorteilhafte, bei der Sie – statt danach zu trachten, ein größeres Stück vom Kuchen abzubekommen als der andere – versuchen herauszufinden, wie man den Kuchen für alle Beteiligten größer machen könnte. Stellen Sie Fragen, die neue Lösungen generieren und somit die Optionen für beide Seiten erweitern. Erst wenn Sie gemeinsam mehrere Lösungen gefunden und diskutiert haben, sollten Sie sich für eine entscheiden. Prüfen Sie, wo sich Ihre Interessen überschneiden, um eine Lösung zu finden, die Sie beide zufrieden stellt. Durch eine Diskussion wird das erleichtert.

77 Sagen Sie gleich, was Ihnen nicht passt, sonst gibt es später Ärger.

78 Fassen Sie zusammen, um zu klären, ob Sie beide dasselbe meinen.

NICHT VERGESSEN

- Um eine für alle zufrieden stellende Lösung zu finden, sollte man durch offene Fragen herausfinden, welches Ziel der andere anstrebt.
- Ein Manager, der bereit ist, auch einmal anders an eine Sache heran zu gehen, ist ein guter Verhandlungspartner.

▲ **BEIDE GEWINNEN**
Das ideale Ergebnis wird erzielt durch Anerkennung der Rechte beider Parteien und der Suche nach gemeinsamen Lösungen.

▲ **ICH VERLIERE**
Eine unbefriedigende Lösung wird erzielt vom passiven Manager, der aufgibt und den anderen »gewinnen« lässt.

▲ **ICH GEWINNE**
Dieser manipulative Manager setzt sich völlig über Gesprächspartner hinweg und will auf Kosten des anderen gewinnen.

▲ **BEIDE VERLIEREN**
Beide Parteien verlieren, da der Manager eine Diskussion lieber vermeidet oder verhindert, als den anderen gewinnen zu lassen.

LÖSUNGEN UMSETZEN

Damit sich ein schwieriger Mitarbeiter dauerhaft integriert, muss er einem Aktionsplan zustimmen und seine Umsetzung verantworten. Außerdem muss seine Kooperation während des ganzen Projektes, bzw. bis alle Punkte des Plans abgearbeitet sind, anhalten.

79 Lassen Sie den anderen den Aktionsplan zusammenfassen.

▲ VERHALTEN
Ein Mitarbeiter, der gewillt ist, ein Projekt oder einen Plan durchzuführen, wird seine Ideen schnellstmöglich umsetzen wollen und seinen Kollegen begeistert davon erzählen.

VERANTWORTUNG

Am Verhalten erkennt man, ob sich jemand für die Umsetzung eines Aktionsplans verantwortlich fühlt. Achten Sie, während er die Schritte, auf die Sie sich geeinigt haben, zusammenfasst und notiert, auf seine Wortwahl und seinen Tonfall. Klingt er begeistert, freut er sich auf die vor ihm liegende Aufgabe. Reagieren Sie auf jedes Zögern und jede Unsicherheit, und bitten Sie den anderen, weitere Schritte zu nennen, auf die Sie sich einigen und die notwendig sein könnten. Nachdem er alle Arbeitsschritte notiert hat, auch die Punkte, bei denen Sie ihm Unterstützung zugesagt haben, sollte das Teammitglied den Aktionsplan für Sie kopieren, damit Sie sich bei der Besprechung der Fortschritte darauf berufen können.

AKTIONSPLAN AUSARBEITEN

Haken Sie nach, ob der schwierige Mitarbeiter tatsächlich begriffen hat, welche Verantwortung er übernommen hat. Überprüfen Sie anhand der Checkliste auf der nächsten Seite den Hintergrund, z.B. ob Vorbehalte gegen das Projekt bestehen. Überlegen Sie, welche Punkte im Plan enthalten sein müssen und welche nicht, analysieren Sie, ob es Beschränkungen gibt, die die Ergebnisse beeinträchtigen können, überprüfen Sie, ob Ihre Einschätzungen realistisch sind. Der Plan sollte umfassend und einfach zu verstehen sein.

DAS IST ZU TUN

1. Den anderen bitten, realistische Termine zu nennen, wann Fortschritte geprüft werden sollen
2. Überprüfen, ob die vereinbarten Arbeitsschritte ausgeführt wurden
3. Das Teammitglied für seine bisherigen Leistungen loben

SIEBEN-PUNKTE-CHECKLISTE

Diese Checkliste ist ein nützliches Instrument für Manager, um nach einer erzielten Einigung einen Aktionsplan auszuarbeiten.

- **Hintergrund**: Dokumentieren, wie der Plan zustande kam
- **Ziele**: Was ist notwendig im Hinblick auf Quantität, Qualität, Zeit und Kosten?
- **Rahmen**: Welche Tätigkeiten umfasst die Arbeit bzw. das Projekt, wer erhält welche Befugnisse?
- **Beschränkungen**: meist Ressourcen wie Zeit, Personal oder Kosten
- **Einschätzung**: prüfen, ob Einschätzungen realistisch sind; wenn nicht, Plan ändern
- **Berichterstattung**: schon in der Planungsphase festlegen, wie und wann Fortschritte kontrolliert und besprochen werden
- **Ergebnisse**: definieren, welche Ergebnisse in jeder Phase und nach Beendigung des Projektes erwartet werden

VEREINBARTE LÖSUNG PRÜFEN

Achten Sie darauf, dass eine erzielte Lösung geeignet, akzeptabel, realisierbar und dauerhaft ist. Eine Lösung ist geeignet, wenn sie zur momentanen Situation passt und der Zeitplan stimmt. Überlegen Sie: Werden die restlichen Teammitglieder oder andere Betroffene sie ebenfalls akzeptabel finden? Welche Ressourcen und welches Budget werden dafür benötigt? Ist das Projekt mit dieser Lösung in der vorgegebenen Zeit und mit den vorhandenen Ressourcen realisierbar? Wie lange wird es dauern, bis sich herausstellt, ob die Lösung den versprochenen Nutzen bringt? Dies alles kann Auswirkungen darauf haben, wie lange sich der andere an die Vereinbarung hält.

80 Im Plan sollten Schritte, Ressourcen, Aufgaben und Termine festgehalten sein.

▼ **ZEITPLAN PRÜFEN**

Damit sich ein vereinbarter Aktionsplan auch umsetzen lässt, sollten Sie vorab den Zeitplan prüfen, um eventuelle Probleme so früh wie möglich erkennen und Veränderungen vornehmen zu können.

Managerin stimmt Prioritäten mit Mitarbeiter ab.

KONFLIKT-MANAGEMENT

Wenn man mit einem schwierigen Mitarbeiter konfrontiert wird, der sich weigert, seinen Verpflichtungen nachzukommen, sollte man wissen, wie man sich zu verhalten hat.

AUF EIGENES VERHALTEN ACHTEN

Mit einem schwierigen Mitarbeiter konfrontiert, muss ein Manager eventuell mehr als 50 % der Kommunikation bestreiten. Nur wer selbstbewusst ist und seine Reaktionen unter Kontrolle hat, ist in der Lage, mit dem Verhalten seines Gegenübers fertig zu werden.

81 Achten Sie auf Ihre Reaktionen und deren Wirkung auf andere.

NICHT VERGESSEN

- Darauf achten, dass nicht die eigene Körpersprache erst eine schwierige Situation heraufbeschwört
- Die angespannte Haltung des Gegenübers zunächst widerspiegeln, dann allmählich entspannen
- Blickkontakt halten und Wortwahl, Tonfall und Sprechgeschwindigkeit anpassen

VERBINDUNG HALTEN

Wenn Sie nicht gleich begreifen, was los ist, weil eine Person widersprüchliche Signale aussendet, teilnahmslos oder gar feindselig erscheint, ist es äußerst wichtig, die Verbindung zu ihr zu halten. Halten Sie Blickkontakt, und spiegeln Sie die Körpersprache des anderen wider. Versuchen Sie mit gleicher Geschwindigkeit und Lautstärke sowie im gleichen Tonfall zu sprechen, und passen Sie Ihre Atmung an. Je enger die Verbindung wird, desto besser können Sie Reaktionen vorhersehen.

AUSSENSICHT

Um besser zu verstehen, wie der andere die Situation beurteilt, müssen Sie zuerst eine Verbindung zu Ihrem Gegenüber aufbauen, um sich in dieses hineinversetzen zu können. Überprüfen Sie zudem Ihre eigene Sichtweise, und treten Sie dann im Geist aus der Situation heraus, um Sie beide wie ein Außenstehender zu beobachten. Versetzen Sie sich anschließend noch einmal in Ihr Gegenüber: Können Sie dessen Sichtweise nun besser nachvollziehen? Wie wollen Sie nun dem schwierigen Mitarbeiter gegenüber treten? Überlegen Sie, welche Vorgehensweise am erfolgversprechendsten ist, testen Sie diese, und beobachten Sie, wie der andere darauf reagiert. Hat dieser Versuch nichts gefruchtet, wählen Sie eine andere Vorgehensweise.

SICH DISTANZIEREN

Stellen Sie sich im Geist sozusagen neben sich, um Ihre Sichtweise kritisch zu prüfen, und lösen Sie sich dann ganz aus der Situation, um sie wie ein Außenstehender zu betrachten. So können Sie leichter entscheiden, wie Sie vorgehen wollen.

Manager vertieft Verbindung.

Manager tritt aus Situation heraus, um zu beobachten.

Manager distanziert sich im Geist, um seine Sichtweise zu prüfen.

82 Gut ist, wenn der andere eine Änderung Ihrer Haltung widerspiegelt.

83 Sich in den anderen hineinversetzen hält die Verbindung aufrecht.

TUN UND LASSEN

- ✔ Erwünschtes Verhalten positiv formulieren, z.B. »Machen Sie weiter so«
- ✔ Daran denken, dass auch die eigene Gestik Anspannung verraten oder vom Gesagten ablenken kann
- ✔ Weitermachen – die Lösung von Konflikten erfordert Geduld und Durchhaltevermögen.
- ✗ Auf erwünschtes Verhalten nicht negativ hinweisen, z.B. »Machen Sie nicht..., sondern...«
- ✗ Niemanden anstarren – aber darauf achten, ob jemand Blickkontakt meidet und vielleicht etwas verschweigt
- ✗ Nicht die Hand vor den Mund halten – das wirkt so, als wolle man etwas verbergen.

SITUATIONEN ENTSCHÄRFEN

Wird ein schwieriger Mitarbeiter aggressiv, sollten Sie wissen, wie sich die Situation entschärfen lässt. Erst wenn sich der andere beruhigt hat, wird er Ihnen wieder seine Aufmerksamkeit zuwenden, so dass eine produktive Diskussion möglich ist.

84 **Nicht unterbrechen oder vorverurteilen – erst zuhören, dann urteilen.**

85 **In jeder Situation zunächst die Fakten analysieren.**

▼ **EINE »PROBLEMTABELLE« ERSTELLEN**
Durch Erstellen einer solchen Tabelle können Sie und der Mitarbeiter gemeinsam bestehende Probleme aufdecken und eine Lösung erarbeiten.

ABLENKUNGSMANÖVER

Am besten lässt sich jemand ablenken, indem man ihm eine Frage stellt, über die er erst einmal nachdenken muss. Bitten Sie Ihren Gesprächspartner, die Vor- und Nachteile seines Vorschlags aufzuschreiben. Sofort wird der Betreffende das Problem von der Situation losgelöst betrachten. Braucht er noch mehr Zeit, um sich wieder zu beruhigen, arbeiten Sie mit ihm eine »Problemtabelle« durch. Dadurch wird die Aufmerksamkeit auf die Fakten gelenkt.

PROBLEMTABELLE

Analyse	Problemdarstellung	Aktuelle Situation	Ideale Situation	Maßnahmen
Konzerngruppenbericht für die monatliche Vorstandssitzung ist nie rechtzeitig fertig.	Alle 12 Abteilungsberichte mit den Zahlen vom Monatsende müssen am 5. des folgenden Monats für den Konzerngruppenbericht zusammengestellt werden.	Bisher lag der Bericht frühestens am 10. des folgenden Monats vor. Der Vorstand wird zunehmend ungeduldiger.	Der Vorstand erhält den Konzerngruppenbericht fünf Tage vor der Vorstandssitzung am 10. des Monats.	Termin für Abgabe der monatlichen Geschäftszahlen auf den 25. des Monats vorverlegen, um die Zahlen der Abteilungsberichte bis zum Monatsende zusammenfassen zu können.
Problem so genau wie möglich beschreiben	*Umfang, Dauer, Termine, Häufigkeit, usw. aufschreiben*	*Die jetzige Situation umreißen*	*Angestrebtes Ergebnis definieren*	*Vereinbarte Lösungsmaßnahmen aufschreiben*

SCHWIERIGE MITARBEITER FÜHREN

Überlegen Sie, welches Verhalten Sie bei dem Betreffenden schätzen würden, und versuchen Sie ihn durch kleine Änderungen Ihrer eigenen Körpersprache dahin zu dirigieren. Prüfen Sie, ob Körpersprache und Sprache des Mitarbeiters in Einklang stehen. Passt der Mitarbeiter seine Sprache der Ihren an, dann haben Sie es geschafft, eine Verbindung zu ihm herzustellen und können ihn von seiner negativen Haltung abbringen, indem Sie mit Ihrer Körpersprache eine positive Haltung signalisieren.

▲ **PROBLEMTABELLE DURCHARBEITEN**
Gemeinsam eine Problemtabelle auszufüllen, bringt beide Parteien dazu, sich mit den Fakten auseinander zu setzen und Gefühle hintenan zu stellen. Dies verbessert die Kooperation.

86 Nie jemanden mit »Ja, aber...« unterbrechen.

NICHT VERGESSEN

- Ein Problem am richtigen Ort und zur richtigen Zeit diskutieren
- Eine Pause machen, wenn sich die Gemüter erhitzt haben
- Erst wenn die Körpersprache eines Mitarbeiters Ihrer angepasst ist, wird er bereit sein, Ihre Führung anzuerkennen.
- Wenn es mehrere Alternativen gibt, mit denen man leben kann, sollte der andere aus diesen auswählen können.

EINEN FLUCHTWEG OFFEN LASSEN

Wichtig ist, niemanden so in die Ecke zu drängen, dass er keinen anderen Ausweg sieht, als sich gegen Sie zu stellen. Wenn Sie ihm keinen Fluchtweg lassen, riskieren Sie, nie eine gemeinsame Lösung zu finden. Erlauben Sie dem schwierigen Mitarbeiter, Ziele und Termine innerhalb eines abgesprochenen Handlungsrahmens selbst festzulegen. Geben Sie immer mindestens zwei Alternativen vor, so dass der andere eine Wahlmöglichkeit hat und sein »Gesicht wahren« kann.

GRUNDREGELN VEREINBAREN

Am besten ist es, immer gleich am Anfang Grundregeln für eine Zusammenarbeit aufzustellen, denn das beugt Problemen vor. Zugleich ist so eine effektivere Zusammenarbeit mit schwierigen Mitarbeitern einfacher zu erreichen.

87 Durch Grundregeln einem oder allen Mitarbeitern Grenzen setzen.

88 Immer ein Zeitlimit für Diskussionen setzen.

REGELN AUFSTELLEN

Grundregeln erleichtern die Zusammenarbeit enorm – egal, wie viele schwierige Mitarbeiter im Team sind. Wenn z.B. über Lösungen diskutiert wird, sorgen Grundregeln dafür, dass keiner aus der Reihe tanzen kann und die Diskussion produktiv bleibt.

GRUNDREGELN DEFINIEREN

Grundregeln sind gemeinsam vereinbarte Richtlinien, nach denen eine Zusammenarbeit stattfinden soll. Erste Regel: Diskussionen durch ein Zeitlimit begrenzen, damit sich alle auf die Lösungsfindung konzentrieren. Weitere hilfreiche Regeln sind u.a. sich zuhören; versuchen, die positiven Seiten eines Vorschlags zu sehen, statt nach Gründen zu suchen, warum er nicht gut ist; sich nicht unterbrechen; jeden zu Wort kommen lassen. Vereinbart man zu Beginn einer Besprechung solche Grundregeln, werden sich alle Teilnehmer mehr zusammennehmen.

Schwieriges Teammitglied reagiert abwehrend auf Unterbrechung durch Kollegen.

Manager weist auf die Regel hin, dass jeder den anderen aussprechen lassen muss.

Schwieriges Teammitglied unterbricht und kritisiert Kollegin.

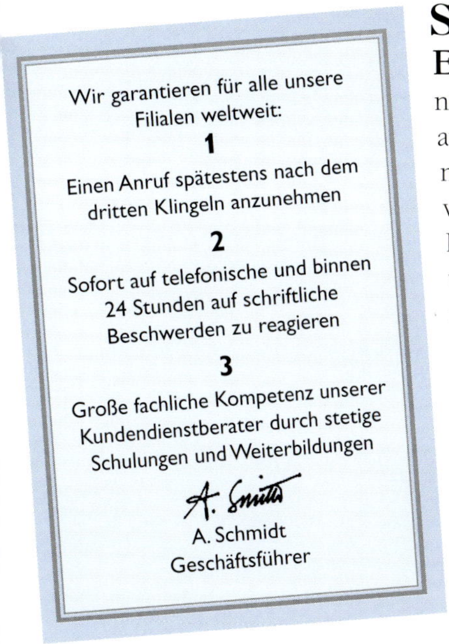
Wir garantieren für alle unsere Filialen weltweit:

1

Einen Anruf spätestens nach dem dritten Klingeln anzunehmen

2

Sofort auf telefonische und binnen 24 Stunden auf schriftliche Beschwerden zu reagieren

3

Große fachliche Kompetenz unserer Kundendienstberater durch stetige Schulungen und Weiterbildungen

A. Schmidt
Geschäftsführer

SERVICE-RICHTLINIEN

Ein Mitarbeiter kann schwierig werden, wenn er nicht weiß, wie er in bestimmten Situationen mit anderen umgehen soll. Wer z.B. Kunden betreut, muss wissen, was mit dem Kunden vereinbart wurde, um die Erwartungen des Kunden sowie die Rolle, die er bei deren Erfüllung zu spielen hat, verstehen zu können. Legen Sie Service-Richtlinien fest, in denen ausgeführt wird, welchen Service der Kunde erwarten kann. Wenn ein Mitarbeiter aus der Reihe tanzt, legen Sie Regeln fest, die jedes Teammitglied zu beachten hat.

◀ **STANDARD FÜR KUNDENSERVICE**
Service-Richtlinien sollen dafür sorgen, dass alle Mitarbeiter den Service-Standard kennen, den ein Kunde von ihnen erwarten darf. Aus den Richtlinien sollte ersichtlich sein, was die Firma garantiert, um die Zufriedenheit des Kunden und die Qualitätssicherung zu gewährleisten.

SERVICE-STANDARDS DEFINIEREN

Wenn sich ganze Teams oder Abteilungen gegenseitig für unkooperativ oder schwierig halten, dann könnte es von Nutzen sein, für alle verbindliche Service-Standards festzulegen und diese aufzuschreiben. Das beugt potenziellen Konflikten vor, da die Standards von allen eingehalten werden müssen. Daneben kann auch festgehalten werden, welche Sanktionen bei Nicht-Einhaltung vorgesehen sind. Eine schriftliche Ausarbeitung von Service-Standards kann äußerst nützlich sein, da jeder nachlesen kann, welche Standards erreicht oder beibehalten werden sollen. Eine schriftliche Fixierung der Service-Standards vereinfacht auch die Überprüfung der Qualität, so dass Abweichungen schneller berichtigt werden können.

89 Stellen Sie sicher, dass jeder die Service-Standards kennt.

NICHT VERGESSEN

- Grundregeln auf ein Flipchart schreiben, so dass jeder sie sehen und seine Zustimmung geben kann
- Service-Richtlinien und Standards verdeutlichen das erwartete Service-Niveau.
- Erwartungen gleich am Anfang zu definieren, reduziert das Konfliktpotenzial.

KONFLIKTE LÖSEN

Betrachten Sie einen Konflikt als Chance, einen schwierigen Mitarbeiter besser kennen zu lernen und ihn dazu zu bewegen, bessere Leistungen zu erbringen. Wenn Sie sich beide dem Konflikt stellen, können Sie das Problem gemeinsam lösen.

90 Beschreiben Sie problematisches Verhalten und dessen Folgen.

KONFLIKTE AUSTRAGEN

Es ist wichtig, dass man sich sofort mit einem Verhalten auseinander setzt, mit dem man konfrontiert wird. Verhaltensweisen ändern sich – mal zum Guten, mal zum Schlechten – , so dass man seine Reaktion jeweils anpassen muss. Gehen Sie offen an einen Konflikt heran, indem Sie dem anderen sagen, welche Auswirkungen sein Verhalten hat – ob nun passiver bzw. aktiver Widerstand oder Aggressivität. Helfen Sie dem Betreffenden, die Ursache des Problems zu erkennen.

Manager setzt sich mit Kollegin zusammen und versucht durch offene Fragen den wahren Grund für ihren Widerstand herauszufinden.

Mitarbeiterin ist aufgebracht über Pläne zur Änderung von Arbeitsabläufen in ihrer Abteilung und spricht Manager darauf an.

Manager ist frustriert über den Konflikt und forscht nicht nach den wahren Gründen für ihr Verhalten.

91 **Vorschlag machen, wie jemand einen positiveren Ansatz finden kann.**

▼ **KONFLIKTE LÖSEN**
Dieses Schaubild zeigt zwei mögliche Lösungen auf: Durch Aufarbeitung des Konflikts verbessert der Manager seine Arbeitsbeziehung zu der vordem schwierigen Mitarbeiterin. Oder er löst den Konflikt nicht und verliert ein wertvolles Teammitglied.

Manager erfährt, dass Mitarbeiterin Zweifel hegt, ob sie die Anforderungen des neuen Plans erfüllen kann.

Gemeinsam überlegen sie, wie Mitarbeiterin neue Ziele erreichen kann.

Gestresste Mitarbeiterin erreicht neue Ziele nicht, nachdem Plan umgesetzt wurde, und beschließt zu kündigen.

PROBLEME EINGESTEHEN

Fortschritte lassen sich schwerlich erzielen, solange keiner von Ihnen zugibt, dass Probleme bestehen. Will ein schwieriger Mitarbeiter dies nicht zugeben, dann müssen Sie so lange nachhaken, bis er es tut. Es ist unwahrscheinlich, dass ein Teammitglied sich verpflichtet, bei der Problemlösung aktiv mitzuhelfen, solange es nicht begreift, welche Auswirkungen das Problem auf die Ziele des Teams, des Unternehmens oder des Kunden hat. Finden Sie durch offene Fragen heraus, wo die Ursache des Problems liegt und wer noch dazu beigetragen hat.

92 **Aufgeschlossen bleiben – man kennt nicht immer alle Fakten.**

PROBLEME GEMEINSAM LÖSEN

Versuchen Sie durch Fragen die wahre Ursache eines Problems herauszufinden, und äußern Sie Ideen, wie es sich lösen lässt. Bitten Sie den Mitarbeiter, die vereinbarten Schritte zur Lösung des Problems zusammenzufassen. So können sie prüfen, ob er verstanden hat, welche Schritte notwendig sind und bereit ist, diese auch durchzuführen. Über Probleme zu sprechen, sobald sie auftauchen und sich auf eine Lösung zu einigen, verbessert die Zusammenarbeit. Fördern Sie diese Gesprächskultur auch langfristig.

93 In Diskussionen auf zukünftige Schritte konzentrieren.

94 Erkennen Sie die Meinungen anderer Menschen an.

WÜNSCHE FORMULIEREN

Wenn Sie jemandem eine Anweisung geben, wird er diese zwar meist befolgen, aber längst nicht so bereitwillig, wie wenn Sie sie als Vorschlag formuliert hätten. Sagen Sie mit wenigen Worten klar und deutlich, was Sie wollen, und nennen Sie Ihre Gründe, ohne es jedoch so klingen zu lassen, als müssten Sie sich rechtfertigen. Widerstehen Sie der Versuchung, an die Gefühle der Mitarbeiter zu appellieren oder ihnen zu schmeicheln. Respektieren Sie deren Recht, »Nein« zu sagen. Machen Sie lieber Alternativvorschläge.

MEINUNG ÄUSSERN

Es kann passieren, dass jemand nicht Ihrer Meinung ist. Dann sollten Sie überzeugend Ihre Meinung vertreten, ohne ungehalten zu wirken – so ist die Wahrscheinlichkeit größer, dass auch eine schwierige Person sie akzeptiert. Versuchen Sie den anderen durch Logik und Fakten zu überzeugen, vertreten Sie Ihre Meinung, zeigen Sie Ihre Gefühle. Machen Sie konstruktive und zukunftsorientierte Vorschläge, die die Diskussion in Gang bringen. Sagen Sie offen, was Sie denken und verwenden Sie dabei häufiger »ich« als »Sie«. Sind Sie mit dem anderen nicht einer Meinung, sagen Sie das auf konstruktive Art und Weise. Nennen Sie zuerst die Punkte, denen Sie zustimmen sowie die Gründe, warum Sie anderer Meinung sind.

NICHT VERGESSEN

- Vorschläge zu unterbreiten ist sinnvoller als Anweisungen zu erteilen.
- Im Konfliktfall die eigene Meinung bestimmt vertreten, aber nicht ungehalten werden – so lernen Mitarbeiter, mit Konflikten konstruktiv umzugehen.
- Ist Ihre Position ein klares »Nein«, so machen Sie dies ganz deutlich.

Teammitglied beginnt über das nachzudenken, was Managerin sagt.

Managerin vertritt ihre Meinung bestimmt, aber nicht aggressiv.

BESTIMMT AUFTRETEN ▶

Wer seine Meinung bestimmt, aber auf konstruktive Weise zum Ausdruck bringt, ermutigt einen nervösen oder ablehnenden Mitarbeiter, seine Meinung ebenso zu äußern. Sagen Sie Ihre Meinung, aber akzeptieren Sie auch andere.

»NEIN« SAGEN

Wenn Sie »Nein« sagen müssen, nennen Sie den wahren Grund dafür und bleiben Sie dabei. Vermeiden Sie es, eine lange Liste von Gründen aufzuzählen oder sich wortreich zu entschuldigen. Bohrt der schwierige Mitarbeiter weiter nach, wiederholen Sie noch einmal, ruhig und bestimmt, was Sie sagten, zur Not so lange, bis Ihr Gegenüber versteht, warum Sie Ihre Entscheidung nicht ändern können. Beispiel: »Ich werde die Situation gerne in sechs Monaten noch einmal beurteilen. Aber im Moment kann ich die Entscheidung nicht ändern. Mitte April können wir noch einmal darüber sprechen.« Schließlich wird auch der starrsinnigste Mitarbeiter die Botschaft verstehen, ob sie ihm gefällt oder nicht.

95 **Wer respektiert werden will, muss auch andere respektieren.**

Teammitglied versucht Managerin zu einem »Ja« zu überreden.

Managerin hört mit aufmerksamer Miene zu.

BEI EINER WEIGERUNG BLEIBEN ▶

Will ein schwieriger Mitarbeiter Sie zu einem »Ja« überreden, hören Sie mit aufmerksamer Miene zu, und weichen Sie seinem Blick nicht aus, um Ihre Bestimmtheit zu unterstreichen. Bleiben Sie ruhig und sachlich, wenn Sie »Nein« sagen.

FALLBEISPIEL

Sandra leitete ein lebenslustiges Team in einer gut laufenden Agentur. Das Team arbeitete hart, und im Gegenzug gewährte Sandra eine großzügige Freizeitregelung. Doch irgendwann beschlich Sandra das Gefühl, die Mitarbeiter stellten ihr Privatleben über die Einhaltung von Terminen. Da sie mehrmals Überstunden machen musste, um dringende Aufträge ihrer Klienten zu erfüllen, war sie wütend, dass sie teilweise auch noch die Arbeit der anderen fertig machen musste. Sandra berief eine Besprechung ein und erklärte ruhig, aber bestimmt, was sie von dem Verhalten der Teammitglieder hielt. Sie erläuterte, dass sie ihre eigenen Aufträge nicht rechtzeitig fertig stellen konnte, weil sie noch die Arbeit der anderen erledigen musste, worunter die Akquise litt. Sandra bat ihr Team, Vorschläge zur Lösung des Problems zu machen. Dadurch übernahm das Team wieder Verantwortung.

◀ KONFLIKTE LÖSEN

Indem sie das Problem und ihre Erwartungen darlegte und gemeinsam mit dem Team nach Lösungen suchte, half Sandra ihren Mitarbeitern, die Sachlage zu erkennen und zu akzeptieren. Nach dieser Besprechung war es für das Team eine Frage der Ehre, vorauszuplanen und Sandra keine Extraarbeit aufzuhalsen.

VERMITTLER EINSCHALTEN

Wenn die Konfrontation mit einem schwierigen Mitarbeiter zu stressig und zeitaufwändig geworden ist, kann es sinnvoll sein, einen Vermittler einzuschalten. Die Aufgabe eines Vermittlers ist es, unparteiisch und neutral für Einigung zu sorgen.

96 Einen Dritten einzuschalten heißt nicht, dass man versagt hat.

97 Immer konstruktiv diskutieren – auch wenn Sie nicht übereinstimmen.

BEIDE SEITEN ANHÖREN

Ein Vermittler kann auch jemand aus der eigenen Firma sein, der einen neutralen Standpunkt vertritt, zuhören kann und das Einfühlungsvermögen, die Reife und Integrität besitzt, diese schwierige Rolle zu übernehmen. Falls entweder Sie oder der schwierige Mitarbeiter auch nur den geringsten Zweifel an der Neutralität des Vermittlers hegen, sollte man besser einen externen Vermittler oder Berater hinzuziehen, den Sie beide als neutral anerkennen. Die Aufgabe des Vermittlers ist es, in einer schwierigen Situation Gefühle und Spannungen positiv zu kanalisieren.

VERMITTLER HINZUZIEHEN ▼

Die Vermittlerin hier ist jemand, dem der Teamleiter und der schwierige Mitarbeiter vertrauen. Sie hört beide Seiten an und hilft ihnen, das Problem zu analysieren. Auch wenn sie eine gegensätzliche Meinung zu den beiden anderen vertritt, flößt sie immer noch Respekt und Vertrauen ein.

Körpersprache der Vermittlerin ist neutral.

Schwieriger Mitarbeiter vertraut auf Unparteilichkeit der Vermittlerin.

Manager trägt seine Ansichten und Erwartungen vor.

EINEN VERMITTLER WÄHLEN

Überlegen, welche Ergebnisse erwünscht sind

Vermittler mit entsprechender Schulung und Erfahrung suchen

Sicher stellen, dass der Vermittler jemand ist, dem die andere Partei vertraut und den sie respektiert

Zeitlimit und Budget für die gewählte Art der Vermittlung prüfen

PROBLEME LÖSEN

Ein guter Vermittler kann Ihnen helfen, Probleme zu lösen, gesteht Ihnen jedoch auch eine gewisse Kontrolle zu, indem er Sie aktiv an der Lösungsfindung beteiligt. In sehr schwierigen Fällen, z.B. wenn man sich mit Kunden nicht über Vertragspunkte einigen kann, können zwei Vermittler nötig werden, für jede Seite einer. Eine Schlichtung soll immer dazu führen, dass sich beide Parteien einigen, so dass keine von beiden Seiten das Gefühl hat, übervorteilt, sondern im Gegenteil, gut informiert und angehört worden zu sein. Beide Parteien werden sich eher an eine Vereinbarung halten, wenn sie aktiv an deren Ausarbeitung mitgewirkt haben, und keiner wird sich ungerecht behandelt fühlen, weil keine Lösung erzwungen wird.

98 Anfragen, ob der Vermittler vorab eine schriftliche Schilderung des Problems von beiden Seiten will.

EINE VEREINBARUNG AUSARBEITEN

Bevor man einen Vermittler hinzuzieht, sollte man wissen, welche Ergebnisse man sich von einer Schlichtung erwartet. Dies gibt dem Vermittler den Rahmen für den Schlichtungsprozess vor, gleichzeitig weiß er, was Sie von ihm erwarten. Fragen Sie jeden potenziellen Vermittler nach seiner Ausbildung und Erfahrung. Überlegen Sie, auf welche Kenntnisse, Werte und welchen Stil Sie Wert legen. Bei Problemen zwischen Teams oder Abteilungen oder zwischen einzelnen Arbeitnehmern innerhalb der Firma soll meist eine Einigung erzielt werden, die zwar schriftlich fixiert wird, aber nicht gesetzlich bindend ist. Zwischen Kunden und Unternehmen ist die Rechtslage anders.

KULTURELLE UNTERSCHIEDE

Eine Schlichtung zwischen Vertretern unterschiedlicher Kulturen bzw. sozialer Gruppen kann aufgrund von Verständigungsproblemen und Missverständnissen schwierig werden. Wenn eine Partei wünscht, dass eine Person ihrer Nationalität oder ihres Geschlechtes anwesend ist, sollte man ihr dies zugestehen.

FÜR DAS NÄCHSTE MAL LERNEN

Jedes Mal, wenn Sie einen Konflikt mit einem schwierigen Menschen lösen, können Sie für das nächste Mal etwas daraus lernen. Denken Sie also nach jedem Konflikt noch einmal darüber nach, wie er entstanden ist und wie eine Kooperation erzielt wurde.

99 Prüfen, was funktioniert hat, und was man für nächstes Mal noch lernen muss.

WICHTIGE FRAGEN

- F Habe ich zugehört? Wie viele meiner Fragen waren offen?
- F War mein Verhalten die ganze Zeit bestimmt, aber positiv?
- F Habe ich den schwierigen Mitarbeiter dazu bewegen können, einen Aktionsplan auszuarbeiten?
- F Habe ich den Mitarbeiter zusammenfassen lassen, was er zu tun plant?
- F Wurden weitere Termine vereinbart?

VERBESSERUNGSWÜRDIGE BEREICHE ERKENNEN

Es ist wichtig, dass Sie nach jeder Konfrontation mit einem schwierigen Mitarbeiter Ihr Verhalten rückwirkend noch einmal kritisch analysieren, um Ihre Stärken und Schwächen herauszufinden. Fragen Sie sich, wie Sie sich gehalten haben, und notieren Sie die Punkte, die Sie bis zum nächsten Mal verbessern wollen. Haben Sie sich auf die Ergebnisse konzentriert, die Sie haben wollten? Wenn nicht, setzen Sie sich das als Lernziel für die nächste Konfrontation mit einem schwierigen Mitarbeiter. So können Sie sich sukzessive verbessern.

FEEDBACK GEBEN

Wenn Sie mit einem schwierigen Mitarbeiter über einen gewissen Zeitraum hinweg zusammengearbeitet haben, überprüfen Sie, wie gut Ihre Kooperation funktioniert. Bitten Sie um und geben Sie selbst gezieltes Feedback über Ihre Arbeitsbeziehung, sagen Sie aber auch, was sich Ihrer Meinung nach ändern oder verbessern müsste. Vereinbaren Sie als Grundregel, dass Sie sich gegenseitig mehr motivierendes Feedback geben als kritisches.

100 Loben Sie Verhalten, das Sie gerne öfters sehen würden.

Persönlicher Weiterentwicklungsplan

Rückwirkend eine Situation zu analysieren, ist eine gute Gelegenheit, gleich einen persönlichen Entwicklungsplan für sich selbst aufzustellen. Finden Sie Ihre Stärken im Umgang mit schwierigen Menschen heraus, die sich durch Übung ausbauen lassen. Überlegen Sie, welche Fähigkeiten Sie weiter entwickeln sollten, ob Übung alleine ausreicht, um Ihre selbst gesteckten Lernziele zu erreichen, oder ob Sie zusätzlich eine Schulung benötigen.

Nicht vergessen

- Egal, ob die Ergebnisse besser oder schlechter ausfallen als erwartet – man sollte immer nach den Gründen forschen.
- Man sollte sich Zeit nehmen, um über Erfolge nachzudenken und sie zu feiern.
- Jeder Mitarbeiter sollte dazu ermutigt werden, aus regelmäßigen Feedbackrunden zu lernen.

Persönlicher Entwicklungsplan

Name: HARALD TURNER

Was	Wann	Wie	Ergebnisse
Beobachtungsgabe und Umgang mit Menschen trainieren, um effektiver mit schwierigen Mitarbeitern verhandeln und kommunizieren zu können	August	Schulungsworkshop (2 Tage) durch externen Trainer, um besser kommunizieren und verhandeln zu lernen. Kosten: 850 Euro	• Habe gelernt, auf meine Körpersprache zu achten. • Neue Verhandlungstechniken und selbstbewusstes Auftreten gelernt; dadurch Fähigkeit verbessert, mit schwierigen Mitarbeitern eine Einigung auszuhandeln

Aufschreiben, was man von Schulung erwartet

Den besten Zeitpunkt für Schulung oder Weiterbildung wählen

Dauer, Kosten und Anbieter von Schulung notieren

Aufschreiben, was die Schulung gebracht hat

▲ **ENTWICKLUNG DOKUMENTIEREN**
Ermutigen Sie einen schwierigen Mitarbeiter, einen persönlichen Entwicklungsplan für sich auszuarbeiten. Auch für sich selbst können Sie einen Plan aufstellen.

101 Einigen Sie sich, was beide nächstes Mal besser machen können.

Einen gemeinsamen Entwicklungsplan anstreben

Beziehen Sie durch Gespräche einen schwierigen Mitarbeiter in den Aufbau einer Arbeitsbeziehung mit ein, dann baut sich im Laufe der Zeit gegenseitiges Vertrauen auf, und Sie beide können sich gemeinsam daran machen, Ihre Zusammenarbeit zu beurteilen und Stärken auszubauen. Durch regelmäßige Gespräche stellen Sie leichter fest, welche Bereiche bei jedem von Ihnen entwicklungsbedürftig sind und können diese gezielt angehen.

TESTEN SIE SICH

Will man erreichen, dass alle Teammitglieder durchgängig gute Leistungen erbringen, muss man Strategien kennen, die den Umgang mit schwierigen Mitarbeitern erleichtern. Prüfen Sie Ihre diesbezüglichen Kenntnisse, indem Sie folgende Aussagen bewerten. Seien Sie möglichst ehrlich: Beantworten Sie eine Frage mit »nie«, kreuzen Sie Option 1 an, lautet die Antwort »immer«, nehmen Sie Option 4 usw.

OPTIONEN

1 Nie

2 Gelegentlich

3 Oft

4 Immer

1 Ich kenne meine Mitarbeiter gut und weiß, was sie motiviert.

1 2 3 4

2 Ich beobachte die Teammitglieder und prüfe ihr Arbeitspensum.

1 2 3 4

3 Ich kenne die Stärken und Schwächen aller Teammitglieder.

1 2 3 4

4 Ich akzeptiere, dass jeder Mensch anders lernt.

1 2 3 4

5 Ich schaffe ein Arbeitsklima, das gegenseitiges Vertrauen fördert.

1 2 3 4

6 Ich setze messbare Ziele und achte auf realisierbare Zeitpläne.

1 2 3 4

7 Ich grüße alle, mit denen ich täglich zusammenarbeite.

[1] [2] [3] [4]

8 Ich ermutige Mitarbeiter, sich gegenseitig und auch mir Feedback zu geben.

[1] [2] [3] [4]

9 Ich gebe Informationen an das Team weiter und prüfe, ob sie verstanden wurden.

[1] [2] [3] [4]

10 Ich halte Mitarbeiter dazu an, Kundenerwartungen ernst zu nehmen.

[1] [2] [3] [4]

11 Ich stelle sicher, dass jeder weiß, was von ihm erwartet wird.

[1] [2] [3] [4]

12 Ich kenne meine Stärken und Schwächen und arbeite daran.

[1] [2] [3] [4]

13 Ich definiere ein Problem und überlege mir mehrere Lösungen.

[1] [2] [3] [4]

14 Vor einem Gespräch mit einer schwierigen Person bereite ich mich gut vor.

[1] [2] [3] [4]

15 Ich bin bestimmt, aber freundlich, nicht passiv oder aggressiv.

[1] [2] [3] [4]

16 Ich höre anderen immer genau zu.

[1] [2] [3] [4]

17 Ich ermutige Mitarbeiter, nach vorne zu schauen, nicht zurück.

1 2 3 4

18 Ich frage nach, warum jemand eine Veränderung nicht akzeptieren will.

1 2 3 4

19 Ich weiß, wann ich schwierige Menschen zur Rede stellen muss.

1 2 3 4

20 Ich achte auf die Körpersprache anderer – sie weist auf mögliche Probleme hin.

1 2 3 4

21 Ich weiß, wie ich Einwände gegen meine Vorschläge widerlegen kann.

1 2 3 4

22 Ich überprüfe immer, ob gemeinsam vereinbarte Schritte auch umgesetzt werden.

1 2 3 4

23 Ich lege immer faire Ziele und Standards für Teammitarbeiter fest.

1 2 3 4

24 Ich gebe Feedback, welches Verhalten beibehalten werden sollte.

1 2 3 4

25 Ich bewerte Informationen sorgfältig und bin mir meiner Vorurteile bewusst.

1 2 3 4

26 Ich stelle offene Fragen und höre mehr zu als ich spreche.

1 2 3 4

27 Ich merke, wann jemand wirklich bereit ist, etwas zu verändern.

1 2 3 4

28 Ich weiß, wann ich flexibel und wann ich standhaft sein sollte.

1 2 3 4

29 Ich fasse vereinbarte Schritte zusammen oder bitte den anderen darum.

1 2 3 4

30 Ich lege die wichtigsten Aufgaben, Rollen, Ressourcen und Termine für Projekte fest.

1 2 3 4

31 Ich kann mich in andere hineinversetzen, dabei aber objektiv bleiben.

1 2 3 4

32 Ich lobe gute Leistungen und feiere Erfolge mit meinem Team.

1 2 3 4

AUSWERTUNG

Zählen Sie nun die Punkte zusammen, und lesen Sie, wie Sie abgeschnitten haben. Welche Erfolge Sie auch bereits erzielt haben mögen, Raum für Verbesserungen bleibt immer. Finden Sie Ihre Schwachpunkte heraus, und lesen Sie in den entsprechenden Abschnitten nach.

32–63: Schwierige Menschen können Sie immer noch überraschen. Schulen Sie Ihre Beobachtungsgabe und bereiten Sie Gespräche mit schwierigen Mitarbeitern gut vor.

64–95: Sie wissen, wie Sie in häufigen Situationen schwierigen Menschen begegnen müssen, doch könnten Sie in einigen Bereichen dazu lernen.

96–128: Sie sind im Umgang mit schwierigen Menschen bereits relativ erfolgreich. Bauen Sie dies weiter aus, indem Sie um regelmäßiges Feedback bitten.

REGISTER

DANK

DANK DER AUTORIN

Ich möchte allen danken, die mir bei diesem Buch geholfen haben, insbesondere Adèle Hayward, Amy Corzine und Alison Bolus bei Dorling Kindersley sowie Mandy Lebentz, Arthur Brown, Peter Cooling und Tish Mills bei Cooling Brown.

DANK DES VERLAGS

Dorling Kindersley dankt folgenden Personen für Ihre Hilfe und Kooperation bei der Herstellung dieses Buches:

Fotos Matthew Ward, Steve Gorton

Fotomodelle David Adkins, Tracey Allanson, Roger André, Phil Argent, Dale Buckton, Angela Cameron, Céline Cordwell, Lorraine Davies, Sander de Groot, Richard Hill, Cornell John, Aziz Khan, Michael Labat, Janey Madlani, Sophie Millett, Roger Mundy, Karen Murray, Kaz Takabatake, Suki Tan, Peter Taylor

Make-up Janice Tee

Bildrecherche Franziska Marking
Bildarchiv Neale Chamberlain, Melanie Simmonds, Lee Thompson

BILDNACHWEIS

o oben, *u* unten, *m* Mitte, *l* links, *r* rechts
Corbis Stock Market: Jose L. Palaez 50; **Pictor International:** Robert Llewellyn 14; **gettyone stone:** Christopher Bissell 4–5; **Eyewire:** Umschlagvorderseite uml

---

ÜBER DIE AUTORIN

Christina Osborne leitet die Personalberatungsfirma Business Solutions und berät Kunden aus dem öffentlichen und privaten Sektor in Fragen der Personalentwicklung. Einen besonderen Schwerpunkt ihrer Coachingtätigkeit bildet der Aufbau effektiver Teamstrukturen. Von Christina Osborne liegt in der Reihe *Basiswissen Fit im Job* der Titel *Mitarbeitergespräche* vor (zusammen mit Ken Langdon).